你对工作有多**尊重**
你未来就能走**多远**

毅冰 ◎ 著

北京大学出版社
PEKING UNIVERSITY PRESS

内 容 提 要

工作是我们实现人生价值的重要方式,而职场是继学校后的第二个社会环境。勤奋,努力,只是职场成功的必要条件,但不是充分条件。决定你发展上限的,往往不是能力,而是思维、态度、意识、格局。你的初心,你对于工作的尊重,你的立场和出发点,才能决定你可以走多远。

本书分为五章。第一章为时间管理:时光不会辜负你。第二章为精力管理:职场背后的红与黑。第三章为情绪管理:职场生存之道。第四章为学习能力:让你拥有持续的竞争力。第五章为赤子之心:在浮躁的世界里坚守本心。

本书献给那些还在学校的同学、刚入职的朋友和工作在一线的兄弟姐妹们。希望给大家一些告诫,少走一些弯路。

我们要学会做事,更要学会做人。

图书在版编目(CIP)数据

你对工作有多尊重,你未来就能走多远 / 毅冰著—北京:北京大学出版社,2020.4
ISBN 978-7-301-31286-5

Ⅰ.①你… Ⅱ.①毅… Ⅲ.①工作方法 – 通俗读物 Ⅳ.① B026-49

中国版本图书馆 CIP 数据核字 (2020) 第 040476 号

书　　　名	你对工作有多尊重,你未来就能走多远
	NI DUI GONGZUO YOU DUO ZUNZHONG, NI WEILAI JIU NENG ZOU DUO YUAN
著作责任者	毅　冰　著
责任编辑	张云静
标准书号	ISBN 978-7-301-31286-5
出版发行	北京大学出版社
地　　　址	北京市海淀区成府路205 号　100871
网　　　址	http://www.pup.cn　　新浪微博:@ 北京大学出版社
电子信箱	pup7@ pup.cn
电　　　话	邮购部 010-62752015　发行部 010-62750672　编辑部 010-62570390
印　刷　者	三河市北燕印装有限公司
经　销　者	新华书店
	880毫米×1230毫米　32开本　8印张　175千字
	2020年4月第1版　2020年4月第1次印刷
印　　　数	1—8000册
定　　　价	39.00 元

未经许可,不得以任何方式复制或抄袭本书之部分或全部内容。
版权所有,侵权必究
举报电话:010-62752024　电子信箱:fd@pup.pku.edu.cn
图书如有印装质量问题,请与出版部联系。电话:010-62756370

前言
PREFACE

2005年，我初入职场的时候，踌躇满志，对未来充满期许。

2020年的今天，当我敲下这些文字的时候，对于过去的15年，还是有不少话要说，有不少故事想讲。

写文字写了多年，在业内小有名气，让我欣喜，也让我惶恐。我不想过多渲染那些大众意义上的成功，而更想谈谈我这一路走来，跌过的坑，撞过的墙。或许后面的这些经历对我的意义更大一些，也是支持我走到今天的催化剂。

职场、人生，本就相辅相成，很难说谁成就了谁，很难说谁放弃了谁。之所以想把这十多年职业生涯的一些片段、一些感慨、一些想法整合成文字奉献给大家，并非为了什么情怀或初心，而是从一个过来人的视角，给大家一些告诫，希望大家能少走一些弯路。

在红与黑的职场里，没有开始也没有结局。

在冷与暖的城市里，没有绝对也没有或许。

对于身在其中的我们，若不想随波逐流，不想烦心于办公室政治，不想停滞于职场天花板，不想面对中年危机的压力，我们又该如何面对？

我们要学会做事，更要学会做人。

我们要学习技能，更要提高情商。

我们要为五斗米折腰，更要实现自我价值。

我们要为理想奔波，更要停下来看看自己的内心。

勤奋，努力，只是让你在职场成功的必要条件，但不是充分条件。决定你发展上限的，往往不是能力，而是思维、态度、意识、格局。你的初心，你对于工作的尊重，你的立场和出发点，才能真正决定你走多远。

这不是一本正规的教科书，没有教条的内容，不会告诉你具体应该怎么做。我仅仅从我的经验和经历出发，希望用一种轻松的笔触与你交流，如同老朋友之间的聊天，不说豪言壮语，不灌生猛鸡汤。

哪怕此书能给读者朋友们带来一瞬的灵感或启发，就已是我莫大的荣幸。

人生如棋，岁月如歌。

毅冰

于杭州

目录
CONTENTS

第一章

虽技不如人 幸来日方长 // 002

你今天的不如意 不是当年选择错误造成的 // 007

认识很多人 不代表你的人脉广 // 013

不要迷信一万小时的努力 // 018

留给你的时间 其实并不多 // 022

台下十年功 背后十年心酸 // 029

坚持 应是享受而非痛苦 // 032

时光不会辜负你 // 036

如今的世界 何来怀才不遇 // 041

且对自己 问心无愧 // 046

你对工作有多尊重，你未来就能走多远

精力管理
ENERGY ADMINISTRATION

职场背后的红与黑

第 二 章

为什么受伤的总是我 // 052

被淘汰的不是你 是你的价值 // 056

如何应对离职后被前老板抹黑 // 061

别在无谓的人身上浪费你的时间 // 069

任劳任怨不能让你在职场成功 // 076

职场中的天时地利人和 // 081

一线外贸人的彷徨与迷茫 // 084

真实的世界没有童话 // 089

打死都别去亲戚公司工作 // 097

第三章

职场的生存哲学 // 106

你的价值 真有被低估吗 // 114

上司老是挤对我 我该怎么办 // 118

跟别人打交道 不要过于敏感 // 127

少做那些无聊的事情 // 132

别让你的情商 拖累你的智商 // 136

蜜糖 还是砒霜 // 142

老板为何不支持你 // 147

你太好 所以你不成功 // 151

学习能力
LEARNING ABILITY

让你拥有持续的竞争力

第 四 章

工作永远做不完　为什么还要这么拼 // 158

你是否懂得"借势" // 162

功利心太强无助于你的成长 // 167

职场上　需要敬而远之的六类人 // 172

你对工作有多尊重　你未来就能走多远 // 178

当外贸人遇见微商 // 182

选择安稳　才是最大的不安稳 // 190

最有价值的复利思维　或许你从未在意 // 193

学习的本质不在于从众　在于改变 // 199

第 五 章

不要迷信权威 学会独立思考 // 204

做销售一定要口才好吗 // 214

成功的人 参照物跟大多数人不一样 // 220

不要把别人的目标当成你的目标 // 224

在浮躁的世界里坚守本心 // 229

井底之蛙也会有春天 // 233

很美的规划背后 往往是很大的漏洞 // 236

越难的事情 会让你离成功越近 // 240

还记得自己想成为的样子吗 // 243

后记 // 246

第一章

CHAPTER 1

时间管理
TIME MANAGEMENT

时光不会辜负你

技不如人，幸来日方长

虽技不如人，幸来日方长。

这句话不是我的原创，是我曾经在某篇文章里看到的句子。

一丝落寞，两点淡然。"三杯两盏淡酒，怎敌他、晚来风急？"

职场中，要承认自己"技不如人"，是需要很大勇气的。因为大多数时候，我们总是习惯用一个个"但是"给自己找借口，来满足虚荣心，推卸责任，给自己找退路。

我们会说，如今谁谁谁混得好是因为去了一个好公司，起点就高，高薪、高福利，眼界都提高了，平台决定了发展。

我们会说，如今谁谁谁当老板是因为家里条件不错，有钱做后盾，可以放手闯荡，哪像我，没有资金，根本不可能冒险。

我们会说，如今谁谁谁受重用是因为他是上司的铁杆，上司给了他太多的好机会和优质资源，不成功才奇怪。

总之，若年轻漂亮的女性能赚大钱，就酸溜溜地怀疑她是富二代或者运气好；若年长且有阅历的女性事业成功，就随意揣测她是平台好加背后有人帮助。只要是超越自己的认知边界，就会臆测别人的成功是假的，这其中肯定有我们不知道的什么原因，总之绝对不可能是自己的本事，这不现实、不科学。

自欺欺人只能换来一时的平静，但是大家都不傻，静下心来，内心深处其实都明白，自己是真的不够好，真的技不如人，但就是不愿承认。

因为一旦承认了，其整个世界观和价值观就随之坍塌，就无法心安理得地继续看肥皂剧、看综艺、玩游戏、上网瞎聊；就会认识到现实很可怕，职场很残酷，自己真的啥啥都不行，各种危机感随之而来；就会感觉自己一不小心就老了，日子都活到狗身上去了。十年经验还不如入职两年的"90后"，除了拿老员工这个词来安慰自己，真想不出若是离开了公司，在外面还能有什么选择权，还能否找到更好的出路。

这里面的关键，就是无法接受自己技不如人的事实和并不出色的现实。或许在某些领域自己曾经辉煌过，也有过拿得出手的高光时刻，但是随着时间的推移，那一丁点成绩早已成为过去，如今的自己变得越来越世故、越来越平庸，只能在茶余饭后回忆一下"当年勇"，自我安慰一下罢了。现在呢，自己拥有的核心竞争力其实并没有多少，甚至已经完全没有，早已变成了路人甲，泯然众人矣。

嘲讽别人很容易，认清自己才是最难的事情。有个朋友对我说过这样的话："我活了三十多年才知道，其实我就是个垃圾。我的优越感来源于我有个不错的家庭，家人给我置办了两三套房子，让我除了工资还有额外收入，于是我就变得飘飘然，觉得自己是牛人，别人都是蠢货，觉得上不上班都无所谓，没必要看任何人的脸色。其实后来我才明白，如果把我拥有的财富都收走，各种人脉资源也全部收走，完全靠我自己的话，我其实什么都不会，根本不可能找到什么好工作，只能活在社会最底层。"

这是现实的写照，值得我们所有人思考。你的能耐究竟如何，不是列举优势做加法，而是反过来做减法。撇开你拥有的一切，把外因的加持一项一项地减去，最后剩下的东西，才是真正属于你自己的。

比如有一些人做外贸久了，每年订单无数，客户纷至沓来，就认为自己多么擎天架海，能力非凡。其实未必，很多时候，这些成绩来源于过去和现在公司的平台和资源，不见得跟个人能力有多大关系。

我们能轻易开发新客户，谈下大客户，或许这是因为竞争对手跟我们根本没在一个起跑线上。跟刚入行不久的新人相比，我们占据了资源优势，可以跟优质客户对接，有经理或者老总的光环加持，有去展会直面客户的机会，有资金支持、有样品支持、有业务经费和付款方式的支持，再加上供应商的全力配合，业绩好也是水到渠成的事。这也是业务经理比小业务员要容易接单，容易开发客户的原因。

但这其中最可怕的，就是很多已经是主管甚至更高职位的人，被这种表面上的优势冲昏头脑，把这些成绩完全归功于自己的才华，认为自己无所不能,手下都是笨蛋,这容易养成刚愎自用的习惯,甚至在未来的某一刻翻船。说直接点,真要比拼,就要在同一个起跑线上,是骡子是马,拉出来遛遛。

我在香港公司当采购办首席代表时,就曾经要求主管级别的人,用员工的邮箱,以员工的名义去谈客户,不动用任何的特权,所有的规则都不能改,都按照公司的要求来走。在客户眼里,你不再是主管,你只是业务员和业务助理,这时候你可以拿到客户,可以解决问题,才是你的真本事。

结果两个月的考核下来,几个主管都跑来认错,知道了自己平时过于高估自己,知道了自己对于底层员工的关注和配合不够,很多项目做不好,很多订单拿不下,真不是员工能力的问题,而是自己的歧视和偏见造成的。

我用这样的考核方式,是为了让主管们知道,不要过于自负和自满,你所拥有的一切,是公司给予的,这并不代表你的个人能力足够好。如果除去这些外在的东西,大家都从零开始,你未必可以打败如今的年轻人。要接受技不如人,才能继续上路,而不是停滞不前。

所以这一篇文字是写给工作多年的老员工看的,同样也是写给我自己看的。当你志得意满,"春风得意马蹄疾,一日看尽长安花"的时候,请认真想想,若是突然间把你现有的东西全部剥夺,没有资源、没有资金、没有客户、没有朋友、没有兄弟、没有供应商、没有投资人,你能否靠自己打拼,从零开始东山再起?如果你的公司突然跟你解约,让你两小时内就收拾包袱,卷铺盖走人,你能否随时都有更好的出路,随时都有一大堆猎头在屁股后面追着挖你?

不要怪企业在你工作了多年以后,在某一场裁员中把你炒了,用更年轻的员工来替代你,因为做生意不是做慈善,需要考量成本和收益。为什么老板会觉得你太贵,那是因为你的贡献和价值,配不上你的收入,你只是空长了年龄而已。用别人来取代你,那是因为别人能给公司带来更高的价值,性价比更高,这是纯粹的商业考量,跟人情无关,仅此而已。

这就是现实,不要强调没有功劳也有苦劳;不要强调不是第一也是唯一;不要听别人的无营养吹捧;不要用鸡汤文式的口号来自我麻痹。你有多少能耐,你的综合实力如何,有没有核心竞争力,其实你内心如明镜一般,只是不愿承认罢了。

接受自己的技不如人,沉下心去学习和积累,大步向前,用时间来证明自己。把过去所有的成绩都抛开,扔掉虚荣心,放弃过去的数据,来日方长,总有蜕变的那一刻。

经验能带来价值,也能带来虚荣;能带来阅历,也能带来骄矜。愿我们都能抛弃所有的负面情绪,保持谦卑的心态,用澄澈的初心去面对人生和职场的种种,随时出发,随时上路,什么时候都不算晚。

阅尽千帆后的淡然,落定尘埃后的从容,只有经历过、用心过,才会懂。

人生漫长。

来日方长。

你今天的不如意，不是当年选择错误造成的

常听到不少朋友抱怨工作多么不如意，人生多么无趣，婚姻多么无奈，未来多么迷茫，如果我当初选了另外一条路，可能就不是今天这个样子……

朋友聚会时，这类捶胸顿足的感慨往往会特别多，仿佛如今自己混得不怎么样，完全归因于当年的某一个选择失误，然后再依据"选择比努力重要"的原则推论出，正是由于当初选错，才导致自己走了无数弯路、踩了无数坑，影响一直延续到今天。

这种想法有问题么？听上去貌似有点道理，可实际上却是大错特错。个中原因容我细细道来。

我有个朋友，做外贸已有十三四年了，摸爬滚打走到今天，也混成了小公司的经理。可如今36岁的他觉得事业上碰到了天花板，难以再上升，十分焦虑，觉得自己提早遇到了中年危机，仿佛能看到自己接下来几年后的样子。

他说他现在发现自己根本不喜欢外贸这个行业，每天都在做重复工作，一点乐趣都没有。他觉得，是因为当初专业选择的错误，才导致他现在的煎熬。以他高考600多分的成绩，完全可以选择金融、IT（信息技术）这些行业，自己却选择了一个看起来高大上的国际贸易，幻想着自己将来能叱咤风云，成为精英人士中的一员，真是脑子进水了。当初选择了一个夕阳行业，根本没有什么前途。

我问他："姑且不论行业的好坏和前景，你如今怎么打算？准备如何选择，怎样去改变现状呢？"

他叹了口气说："我们这个年纪，哪里有选择？上有老下有小，还有房贷和越来越重的生活压力。加班一个月的钱，都不够孩子读个兴趣班。我其他什么都不会，转行也不现实，没人要的。工作不敢丢、不能换，只能这么混着了，不喜欢又有什么办法。"

我问："如果有选择的机会，你会怎么做？如果你现在不用为经济压力烦恼，你会追求你的兴趣么？你会选择金融行业，还是去做IT？"

朋友一脸茫然，不知道怎么回答，想了半天才说："金融和IT，我也是看身边的朋友有不少做得好的，挺能赚钱才想去做的，但如果我有钱的话，我就没必要做这些啊。"

我顿时哭笑不得，继续问他："那你的兴趣究竟在哪里呢？"

他思索良久才坚定地说:"其实我还是很喜欢外贸行业的,我喜欢跟客户谈判的过程,喜欢去参展,喜欢接触不同的人,喜欢拿下订单和谈下新客户的成就感。只是这些年,外贸太难做了,形势很差,竞争太激烈。年轻人越来越厉害,我们公司一个'90后',业绩都比我这个经理好,我如果没那几个老客户撑着,都没信心继续做下去,脸都不知道往哪里放了。"

说到这里,其实我已然明白,不是他不喜欢这个行业,而是他做得比较普通,没有什么成就感,觉得往上再难进一步,下面又不断有出色的新人冒上来,于是危机感严重,可又不知道如何去突破。

每天耗着觉得心累,放弃又根本做不到。看着身边不同行业的人,许多都混得不错,但是又没有任何准备和行动,只是单纯地羡慕别人,抱怨世道不公,把所有的埋怨都集中在自己当年的选择上,觉得如果当初选了另外一个行业,也不至于混到这个份上。

其实我真的想跟他说一句:你所有的想法,都是错的。哪怕你做了别的选择,换了行业,大概还会是这个样子,一边抱怨,一边无奈。

这个世界上并不存在绝对的好行业和坏行业,工作是人做出来的,能力是自己练起来的。任何行业都符合"二八定律"的动态平衡原则。外贸难做,不还是有很多人做得风生水起?形势不好,不还是照样有人逆势增长?只是他还停留在"二八定律"中"八"这个区域里,没有任何往"二"这个区域进步的动力。

以我对他如今情况的了解,其实从思维方式、谈判方法、营销技巧,到执行能力、英文水平,到方方面面,他还是当年的那个他,多年来还停滞在几年前的水平,很多地方不仅没有进步,反而还退步了,他怎能不被这个时代所淘汰?怎能不被一批又一批的年轻人所超越?

这就是现实。当年他的努力,沉淀的知识和能力,的确助他起步,积累了资源和客户,使他在这个行业里稳定下来。但是接下来的十年,他除了年龄见长,身上的肥肉见长,抱怨的心态见长,其他什么都没长。逆水行舟之下,在如今这个不断变化的时代,故步自封,怎能不被社会淘汰?

他平时回家干什么呢?吃饭、洗碗、陪老婆看电视、陪孩子做作业,周末跟孩子出去玩,在手机上看看新闻、刷刷微信和微博、打上几盘斗地主。

工作时间呢?早上到公司吃个早饭、喝杯茶,看看新闻,吃饱喝足后正式工作,已经差不多10点半了。这时候查一下邮箱,客户的邮件能回复的就简单处理下;相对重要和复杂的就先做好标注,接下来有针对性地处理。什么时候处理呢?不急,这不一天刚开始吗!

然后刷一下朋友圈和微博,点几个赞,评论一下热点问题,发现已经11点半了,可以去吃午饭了。吃饱喝足后回到公司,睡意袭来,再打个小盹儿。等两点钟醒来后,再跟同事稍微聊聊天,谈谈八卦事件,冲杯咖啡后,顺便处理一下上午没弄好的邮件,其间偶尔接几个电话,或者打几个电话,安排一些事情,顺便上个厕所。回来后,再看看新闻、看看朋友圈,哎呀,5点半了,差不多可以下班了。

这就是他每天的工作状态,从第三四年,一路持续到第十三四年。问他老客户为什么越做越少,他一大堆苦水:现在客户难搞啊,没有忠诚度;现在同行很坏啊,低价抢单;现在形势不好啊,客户漫天询价压低成本；现在贸易战啊，订单都丢了……

问他为什么不去开发新客户，他说新客户难开发，很多是无效的询盘，没意思，而且B2B（公司对公司业务）的工作都是新人干的，他一个经理，怎么可能去做这个！

那为什么不在网上搜索、寻找潜在客户，主动写开发信开发呢？他说，别搞笑了，这种写开发信的工作肯定是新人和大学生干的啊，我一个主管，还去写开发信，去网上找陌生客户，太低级了吧！

那社交软件营销呢？如今SNS（社会性网络服务）时代，这也是一个重要的营销途径啊。他说，这些都是针头线脑的工作，你什么时候见过大老板是靠这个去开发客户的？肯定是依靠人脉，靠熟人介绍，靠展会推荐啊。

好吧，我的任何建议他都有一千个理由来反驳。只是有几句话我还想在这里说一说。

比如说人脉，你都工作十三四年了，除了几个越做越少的老客户和几个供应商，还有什么其他资源？

比如说展会，十几年的参展经历，从广州到洛杉矶到法兰克福到圣保罗，全球五大洲跑遍了，钱花了不少，客户积累有多少呢？别说现在参加展会效果差，电子商务兴起，客户都会网上搜索，这不是理由！公司线上、线下都有预算和投入，那些新人大大小小的订单都能见到，一个经理凭什么拿电子商务做借口。

所以归根结底，不怪别人，只怪他自己。我想说的是，就算他当年选了金融行业，今天也会跟我抱怨：这个行业看似光鲜，其实是金融民工,没前途的,要是我当年根据自己的兴趣选了外贸,可能就完全不同了,可惜,唉……

就算他当年选了IT行业,今天同样会抱怨:这个行业是吃青春饭,人到中年就根本没有机会了;这个行业变化太快,我们过去学的老早就跟不上时代了,精力也不可能跟年轻人比,所以只能混着,等公司大发慈悲跟我签下长期合同,不被踢出去就不错了。要是我当年选择了外贸行业……

这是选择的问题吗?不是,因为在选择的那一刻,你不知道未来的结果。你在觉得选择的路难走时,自然会设想另外一条路很好走,认为是自己选择的错误,才导致了今天的被动。

其实每一条路都不好走,每个行业的水都很深,每个人都不容易,这个世界上没有简简单单可以获得的东西,身上的肥肉除外、中年颓废的心态和形象除外。他把自己当下的失意归因于当年的选择错误,其实就是给自己找借口,他不想承认自己的无能,不想承认自己的今天是多年来的自我放任造成的,只能从客观原因找借口,让自己好受点,仅此而已。

一条路的好坏,是看你自己如何走,而并不是当初选择的问题。你混了十年,别人拼了十年,所以今天你拿10万元年薪,别人拿100万元年薪。不是别人运气好,选了条好的路,而是别人在选择过后,一路拼到现在,专心把自己的路走好。

一念天堂。

一念地狱。

认识很多人，不代表你的人脉广

有一个许多人容易混淆的概念，就是把"接触过很多人"，或者"认识很多人"，当成"自己人脉很广"，这是大错而特错的，容易让许多初入职场的新人走入误区而不自知。

人脉需要积累，到了一定阶段，做生意很多情况下是靠人脉，靠资源相互交换，形成优势互补。但是对于大部分初入职场的新人而言，这是另外一个层面，千万不要过于迷信人脉的力量，而忽视了基本功的锤炼，忽视了在新人阶段更需要去学习的方方面面。

有个朋友向我抱怨，他在贸易公司工作一年半了，工作流程都弄明白了，自己平时也注重跟人打交道，跟很多工厂老板都混得很熟，所以一时间踌躇满志,感觉未来尽在我手。

可等自己出来创业的时候,建网站,租办公室,捣鼓了八九个月,钱花了不少,结果还是一无所成。他觉得没有方向了,看着手里的资金越来越少,心态也越来越糟,不知道接下来该怎么办,是重新找工作上班,还是继续坚持下去?

我问他:"既然你决定创业,一定对你的行业有足够的了解,对自己的能力也有充分的信心,是吧?"

他说:"外贸不就是那么回事吗,有工厂配合,有好的价格,有大量的客户资源,生意不都是这样来的吗?"

我想了想,他说的话某种意义上也有几分道理。有优质的供应商配合支持,开发和谈判的难度的确会小很多。我说:"既然如此,如今依然举步维艰,你觉得这其中最大的困难究竟是什么?我们可以聊聊,针对性地去解决。"

他说:"我也奇怪啊,我的人脉如此广,怎么可能做不起来,这根本没道理啊。"

我问:"你说你人脉广,你具体跟我分析一下,能给你强大支持的究竟是客户,还是供应商?还是说有投资人在资金方面的支撑,可以把这个项目做下去?"

他说:"我有三百多个客户,四十多个供应商,就凭这些人脉,难道不足以把贸易公司撑起来?"

听到这里,我觉得他的困难或许是暂时的,客户的订单需要时间来周转,有采购周期,也需要前期的磨合和各种文件和资料的齐备。我刚想安慰他再耐心一点，坚持一段时间，等订单转起来就不会有那么大的焦虑了，没想到他后面那番话，直接把我惊到了。

他说："我的客户都来自于过去广交会上收的名片，肯定不是假的。我在上一家公司的时候，也联系上几个人的，这些人脉用起来，客户资源我就都掌握了。而且公司的客户和供应商，我以前都维护得不错，这些都是人脉资源啊。我自己创业后，就可以把这些人脉利用起来，只要开发名片本里10%的客户，随便上千万元的销售额就有了……"

他还在滔滔不绝地讲，我实在想打断他。我想说，朋友，你醒醒吧，你认识这些人，并不代表这就是你的人脉，这是两码事！更何况，名片本里的大多数客户跟你连基本的联系都没有，这能算人脉？

在我看来，人脉是可以相互使用的，强调的是互动。别人可以在你需要的时候伸出援手，你也能在别人有需要的时候施以帮助，这才是人脉，否则充其量只是点头之交而已，不是自己的有效资源，算不上人脉，除了自欺欺人一下，没有任何实际意义。

总共才工作了一年半，跟供应商和客户只是刚开始打交道，都是普通的日常工作而已，根本谈不上什么交情，何谈建立人脉？客户需要跟你公司打交道，所以对你这个联系人很客气，这是礼貌，不代表他对你另眼相看，或跟你私人有什么交情。供应商因为你是甲方，跟你有实际的业务往来，平时的沟通或许也不差，但不代表工厂老板会认为你是多么重要的人物。

真正有价值的人脉，是经历过各种风雨，经得起时间的考验的，是彼此的惺惺相惜。

比如说，你服务了某个客户很多年，具体的订单你操作得四平八稳，各种问题和麻烦都是你给他处理的，让他很放心，碰到困难他第一个想到的就是你，希望听听你的意见，来中国一定要找时间跟你见面吃饭，平时除了工作之外你们还有很多私人交往，你甚至还去过他家，跟他老婆孩子甚至家里的狗都很熟悉，如此等等，这才是人脉！

千万不要觉得，我跟这个客户打交道多年了，一直合作顺利，这就是人脉，将来就能为我所用。错了！那是因为你在公司里工作，你依托公司这个平台而已，客户是因为公司而跟你合作，不是因为你这个人而跟这家公司合作。如果你有超强的个人能力，又无比专业和细腻，你走到哪里，客户的订单追到哪里，订单不交给你处理，客户就一万个不放心，这才是你的个人价值，这个客户才是你的人脉资源。

不要高估了人脉的重要性，还是踏踏实实地把基础打好。当你在一个领域做得非常专业，远胜大多数同行的时候，你自然可以通过自身价值来寻找存在感，自然会汇聚各种资源为我所用。

人情这种东西，其实很贵，你在消费自己的人脉时，就要付出对等的代价，所以，不到万不得已，是不能随便动用人脉的，否则过去积累起来的人脉，会渐渐消耗殆尽。当你到了一定阶段就会发现，能用钱解决的事情最好不要拜托朋友，最好不要动用人脉，因为人脉比钱更贵。

你开公司，去找过去合作过的工厂配合，那些老板们看在过去的份上，不太可能直接拒绝你，的确会支持你一下。你要好的价格、你要免费样品、你要付款账期，这些都可以。但前提是，你利用人脉换来的便利，也要付出对等的回报。如果几个月后你这边还是难见起色，结果可想而知，工厂看你没什么成果，自然也不会跟你有后续的合作。

客户这边也是如此。在你创业初期,客户大都还会跟你保持客气,但是几次给你机会报价、打样,发现你并没有多大的优势,还不如你的老东家,客户又怎会把订单给你呢?说难听点,一个工作一年半载就自立门户的业务员,各方面能力多数还是远不如那些专业且经验丰富的贸易公司的。

经验也好,能力也好,人脉也好,都是需要时间来打磨的。哪怕你在某个领域再有天赋,平台和机遇再好,也无非就是少走一些弯路、少踩一些雷罢了,要想成功同样也不是一蹴而就的事情,必要的积累同样少不了。

有些朋友刚工作不久就想走捷径迅速积累人脉,动不动就去骚扰工厂的老板或高管客户,以为能跟有价值的核心人物打交道就是自己的能耐。殊不知,这只能让自己的方向越走越偏,让自己越走越迷茫,越走越辛苦。正确的做法是,把自己的路走好,自然会有同道中人跟你惺惺相惜,自然会有许多朋友兄弟跟你成为莫逆之交。

人生的每个阶段都有这一阶段该做的事情,都有这一阶段不同的风景。你可以创业,但是要问问自己,是否真的做好了准备。先问问自己对你的沟通方式、谈判能力、销售技巧、邮件水平、口语表达、思维方式、跟进手法、管理手腕,以及测试标准、产品知识、同行情况、市场调查、策略布局等,是否都有了独到的理解和把握。

要想取之,必先予之。物以类聚,人以群分。

或许你可以先问问自己,能否在某个午后,在一个放松的环境里,跟自己欣赏的人一起坐下闲聊,喝杯咖啡。

不要迷信一万小时的努力

我相信很多人都听过"一万小时定律",讲的是若要成为某个领域的专家或精英,至少需要一万小时的锤炼和努力。假设以每天工作八小时,每周工作五天来计算,这一万小时,差不多就是五年时间。

美国作家马尔科姆·格拉德威尔(Malcolm Gladwell)在他的名作《异类》中指出,人们眼中的天才之所以卓越非凡,并非天资超人一等,而是付出了持续的努力。一万小时的锤炼,是任何人从平凡成为大师的必要条件。

无独有偶,美国芝加哥经济学派代表人之一,1978年诺贝尔经济学奖得主赫伯特·亚历山大·西蒙(Herbert Alexander Simon),在研究了国际象棋大师的成长轨迹后发现，几乎没有一个人，可以不经过十年以上的努力和训练，就能达到这个领域的大师水平的。所以西蒙据此提出"十年定律"的观点，认为在任何领域要有所成就，进入顶尖行列，必须经过十年以上的努力。

在中国，这个理论其实出现得更早。元末明初戏曲作家高明创作的南戏《琵琶记》中，就有"十年寒窗无人问，一举成名天下知"的名句，同样认定了要通过读书科考有所成，至少要十年寒窗才行。

不管是五年也好，十年也罢，起码大家有一个共识，就是若想要在某一领域里有所建树，就必须要经过长期的努力、长期的坚持、长期的苦练。这是没问题的，但很多朋友把这个理论给断章取义，理解有了偏差，执行起来，反而会严重影响自己本来的发展轨迹。

我想说的是，努力很重要，用大量的时间反复锤炼也很重要，但更重要的是，技能也好，思维也好，是需要不断迭代和进步的。一个方法在当下或许十分领先，但是三年后可能就已过时或遭遇淘汰。

所以我们害怕和反对的，是机械化的、没有任何价值的重复。努力的目的是为了优化环节，把工作变得更加出色，而不是为了持续劳动。

在很多人观念里，有一点非常可怕，就是过度迷信时间的付出，认为付出了时间就等于努力，就可以成功。这个推论本身就有很大问题，根本站不住脚。

有个朋友时常抱怨，自己天天加班，每天下班回家都十点多，很少有假期，双休日都要陪客户验货、安排监装、跟进订单、拜访工厂，各种琐碎的事情不断。自己努力了这么多年，总该看得到希望了吧，可为什么在深圳连个房都买不起？他很迷茫，不知道究竟还需要努力多少年才能成功。

表面上看，这是个十分令人沮丧的故事，让人觉得努力也看不到希望，可事实真的如此吗？

其实不是！我跟这位朋友的老板也认识，前阵子微信上聊起此事，他立刻向我大吐苦水，抱怨这个员工不上进，拖延症严重，每次吩咐的事情不拖到下午下班前不会开始动手做。业绩水平、思维意识、专业素养和学习能力等，远不如现在的"90后""95后"，都不知道该如何安置他的工作。一个老业务员，业绩居然不到刚入职一年半的新人的三分之一，在所有业务员里排倒数第二，只比一个实习生业务员强一些。

"若是将他辞退，也有点不忍，毕竟他在公司工作这么多年了，没功劳也有苦劳。临时加班也好，风吹日晒地出差也罢，他虽然有怨言，但起码工作还是在做；继续用他吧，他对公司的价值贡献实在太低，而且一肚子负能量，这种负能量还会影响其他积极的员工。还是再观察半年吧，大不了合同到期后就不跟他续约了。"

这是他老板的原话，我真的不忍心转给这位朋友看。他觉得自己很努力，奋斗了好多年，但是他的工作并没有太多实际的价值。他觉得时间的投入代表了自己的努力，会离成功更近一步，殊不知，他老板一直都在犹豫要不要将他劝退，或者停止和他续约。

在职场上，决定一个人的发展和收入的，不是时间，而是价值。在这其中，努力的确很重要，但并不包含低效率、低价值的努力。你要成为精英，必须要不断提高自己的能力，不断自我增值，不断给公司创造更大的价值，这样才能在职场上走得更高、更远。

加班有必要吗？有，很多重要的、紧急的事情，需要保质、保量完成，的确需要加班。可每天加班正常吗？这就是有问题的。要么是公司高估了你的能力，给予你远超过自己负荷的工作；要么是自己拖延症严重，工作效率低下；又或者能力不足，别人一小时做完的事情，你需要三小时才能完成。

需要特别说明的是，加班本身不可怕，可怕的是"加班思维"，认为加班就是努力的表现，就是向成功多攀爬了一次，就离成为专家或精英又近了一些。一次次用这种理由给自己鼓劲、打气，除了感动自己，毫无实际价值。

大部分的工作都是结果导向的。你花了多少时间没人在意，别人只看到你做成了什么。真正有价值的工作，是不断解决问题、不断进步的过程，是在努力工作的同时，不断去思考哪些环节可以优化，哪些流程可以精简，哪些工作还可以更有效率，哪些事情有更好的替代方案。

从思考到研究，到执行，到破局，永远比身边人多想一些，多做一些，保持思维领先，从而形成自身的不可替代性，这才是努力的方向。

一万小时的努力，不是无休止的重复，而是要一次次的进阶。

日斜吾事毕，一笑向杯盘。

留给你的时间其实并不多

一

前几日跟三五好友聚餐，觥筹交错间，有人感慨："读书的时候青春年少、意气风发，没想到一转眼，我们都已临近中年。以前想着还有大把的时间可以慢慢奋斗，可现在上有老下有小，身上有房贷，不敢辞职，不敢跳槽，想折腾都折腾不起来了。"

仔细一想，的确是这样。我大致推算了一下，如果一个人的人生在35岁都没有大变化，他未来的职业生涯，大概率会趋于平稳，甚至还会下滑。原因很简单，大多数人在35岁这个时间点，工作和家庭都已趋于稳定，这时候跳槽也好，创业也好，会碰到很多现实的问题。

假设你有一个工作机会，要去另外一个公司担任业务经理，薪水增加50%，绩效考核后总收入或许能增加80%，前途不错，"钱"景也不错。但是那家公司在另一个城市，如果入职的话，就不是你一个人的事情了。你太太的工作要随之调动；要安排打包搬家；孩子要重新择校，还有房贷，或许还要租房；生活环境也会有各种变化，还要适应新城市的节奏……这一系列的问题叠加起来，往往最终会让你放弃这个选择。

再比如说，你各方面能力都还不错，在公司也是个不大不小的中层领导，比上不足比下有余。年薪有三四十万元，在二线城市勉强算得上小康水平，生活也还算滋润。你很用心、很努力，可问题是工作的天花板太低，机会太少，上升空间十分狭窄，你心里觉得无比疲惫，整天周旋于公司各种琐事和职场斗争中，想逃也没地方逃，十分无力。

或者你认为自己能力不错，想自立门户创业，回家后一算，结果发现流动资金十分紧张，如果失去当前这份工作，整个家庭开支一下子就会绷紧，生活压力陡增。还有房贷如影随形，家里的存款最多只能扛六个月，万一创业不成，资金耗尽，六个月后是抵押房子继续维持公司呢，还是放弃创业，重新回去上班呢？

所以我一直认为，35岁是一个人人生很重要的节点。过了这个节点，很多人会被现实的困难和麻烦拖住，变得心态浮躁又不得不安于现状，内心焦灼又不知该如何破局。

二

我觉得一个人职业生涯的前段，是开始工作的前五年，也就是大多数人大学毕业后的24岁到29岁之间。这开始的五年，是一个学习和积累的过程。你的职业技能、人脉资源、视野见识等，大多都是在这前五年内成型的。职场的这一阶段，决定了你初步技能的积累，也决定了你未来的发展方向。

到了职业生涯的中段，也就是第二个阶段，我认为是29岁到35岁的这段时间，也是最重要的发展阶段。可以这么理解，35岁以后的成就大多数是在这六年内积累完成的。假设你35岁以后准备创业，那你创业所需要的经验、能力、人脉、资源、资金、定位、营销渠道等，都是在这六年内沉淀、积累和思考成熟的。

这六年的时间，很大程度上决定了你的未来。很少会有人在29岁到35岁这个阶段，在一个公司里混日子，然后在过了35岁生日后的某一天突然醒悟，决定要做一番事业，然后就能立刻变身职场精英，被众多猎头高薪挖角；或者突然想创业，然后资金、团队、人才蜂拥而来，瞬间就能成就一番事业。

别把电视剧桥段当成现实。你现在拥有的，只是你过去那么多年积累的一种必然。你曾经做了多少，改变了多少，决定了你的现状。虽然的确有怀才不遇的情况存在，但前提是你真的有相应的能耐和价值，而不是只有你认为自己有才，别人却根本不认可。

三

"盛名之下无虚士"这句话在某种程度上还是很有道理的。一个人能成名，不是简单的"运气好"就可以解释的。运气能够让他成名，也能让他失势。没点真本事，是没那么容易成就一番事业的。

所以，当你觉得这个经理无能，那个老板白痴时，不妨反过来想一想，别人能坐到这个位置，自然有他的道理，优胜劣汰，市场会决定一切。也许你的销售能力比经理强，但他的领导能力、决策能力和管理能力可能远胜过你，对公司的价值更大，而这是你的片面分析所忽略的地方。

这样换位思考可以让自己的大脑更清醒一点。自己的优势，或许仅仅是你自己认为的，或许只是一个方面，我们不能以偏概全，据此认为自己真正有多大的能耐。

职场是残酷的，商业社会是通过竞争来分配利益的。你行你就上，他弱他就下，不存在怜悯，也不存在时间的溢价。一个有三年经验的业务员和一个有八年经验的业务员，老板会选谁是由他们的能力决定的，而不是由年龄决定的。

四

我很喜欢一个词，叫"虚荣数据"，虚荣数据有很多种，比如说，我有十年的工作经验。

比如说，我所在的公司销售额上亿元。

比如说，我八年都没跳过槽。

比如说，我收入跟很多人比还算可以。

很多职场人士，很容易被这种虚荣数据所迷惑，然后进行自我安慰，迷惑和麻痹自己。心情不好的时候，想想这些虚荣数据，或许就"阴转多云"了。

我们来逐一分析一下。第一条，可能是想说明自己经验丰富。第二条，可能是想说明自己的职业背景不错，公司还算可以。第三条，可能想要指出自己职业稳定性好，忠诚度高。第四条，可能是认为自己的收入比上不足比下有余，自我满意度还可以。

这是曾经和一个朋友吃饭时谈到的，我当场就毫不客气地一条条反驳，这些看似不错的理由，其实都属于虚荣数据。

第一，十年经验只是从业年限的数字而已，不能说明问题。职场看价值，看贡献，基本不看年龄和从业年限。任何工作都是高度的结果导向。表面上说的十年经验，实际上或许是一年经验，然后重复使用了九年，而成果已经远输于如今很多年轻人。

第二，公司销售额上亿元，这里面有多少是因为你的价值而贡献的呢？极有可能你只是大树下乘凉的一只小蚂蚁，你对于公司的贡献其实无足轻重，大老板甚至都不知道有你这个人的存在。

第三，八年没跳槽可以认为是你忠诚度高，但关键还要看你这八年在公司的发展和成长路径，要看你能力和收入的变化。如果在一个职位上混八年，或者勉强升职，但收入却没有质的提升，只能说明你的能力有限，只是在熬资历和时间，说明你害怕离开舒适区，或许离开现在的职位，你什么都不是，连如今的收入都保不住。

第四，"收入还行"就是典型的自我安慰。因为经验可以骗人，能力可以骗人，背景可以造假，但是收入骗不了人。不管你如何考虑、如何衡量、如何比较，你的收入在某种程度上实实在在反映了你的能力和价值。所以当你用虚荣数据来安慰自己还可以，"比上不足，比下有余"的时候，只是用这种所谓"佛系"的借口来掩饰自己能力不足的尴尬。

五

每个人的标准不同，需求不同，对成功的理解也不同。有些人想要拥有自己的公司，有些人想要在企业里成为核心人才，有些人想要过自由而平淡的日子，有些人想要住豪宅、豪车，有些人希望环游世界，去找寻人生的意义……

我们要做的，就是在达成梦想之前，如何量化自己当下的人生和工作。假如你计划35岁创业，那么达成这一目标需要满足哪些条件，哪些是充分条件，哪些是必要条件；然后估算出在你29岁到35岁的时候，需要积累到什么程度，而从毕业到29岁这个时间段，又要学会哪些东西。这些都是需要根据方向和结果来逐步反推的。

你人生每一天的累积决定了你未来的高度。如果你想在三年内做到业务经理，那你在职场的第一年就要成为业务骨干。如果第一年就要成为业务骨干，那除去入职初期三个月到半年的适应和前期工作，留给你的时间只有半年，所剩的时间还多吗？

一旦进入一个行业，你就会发现要学的、要做的实在太多。既然如此，何不提早开始，明确目标和方向，运筹帷幄，有的放矢。

你拿到的学位证书、英语等级证书、计算机等级证书，都不能体现你所拥有的实力，也无法说明你跟其他学生的差别。你若觉得你英文还行，那就写一个漂亮的英文求职信，或许才有说服力；你在某某跨国公司实习时，能适应英文工作环境和内外部工作的衔接，这也是有说服力的。你对于职位所对应的需求,有针对性地做了相关的研究,做了一份完整的调研报告,或许也是一个不错的方法。

六

真正出色的人,从一开始就有明确的目标。他们从进入大学开始,就知道自己有哪些东西要学习,哪些事情要经历,哪些能力要历练,哪些技能要掌握,而不是浑浑噩噩过了四年,到差不多毕业找工作了,才发现针对性的技能也好,实习经历也好,经验积累也好,什么都没有,两眼一抹黑。

用人单位要求的是职位和能力的高度匹配,是在可选择范围内做最优选择。越优质的企业,标准也越高,大家都挤破头想进去,竞争自然就更激烈。

在竞争的时候,如何让自己脱颖而出,如何把你的能力和素质进行量化,如何把你的所学与职位匹配,如何可以让用人单位认为你是最合适的人选,这些都是要认真思考,提前准备的。要么惊艳众人,要么沦为被挑选的大多数。

只要把目标进行量化和反推,你或许就会有紧迫感了,就会感觉时间不够用了,推到明天都不行,那就从现在开始做起吧。

人生是一面镜子,你付出多少,就会拥有多少,这就是真实的自己,没有必要自欺欺人。

"最是人间留不住,朱颜辞镜花辞树"。

留给你的时间,其实并不多。

台下十年功 · 背后十年心酸

《论语·子路》里有一句话,欲速则不达,见小利,则大事不成。

我们中国人的传统智慧早就证明了有些捷径是不能走的,有些快钱是不能赚的,有些积累是必须要的,有些钉子是必须碰的。

做销售也是这个道理,该学的要学,该积累的东西要积累,该犯的错也要犯。可能你会偶尔几次凭借运气斩获大单,但是不能永远寄希望于运气和机遇。如果你的能力不足,水平不够,哪怕一次失手,都可能让过去得到的一切通通还回来,"一夜回到解放前"。

生意上常说,三年不开张,开张吃三年。很多朋友迷信接大单、做大单,幻想着有朝一日碰到一个超级好的大客户,让自己一夜暴富,实现财务自由。可我想说的是，或许你还没等到"开张吃三年"，就先来个"开张赔三年"，一个项目搞砸，或许几年的心血都白费了，赚的钱全赔进去都不够。

人生本就是一步一步层层递进的。在职场上，不要老想着跨阶、速成，恨不得工作两三个月就要自己当老板，这是不现实的，因为手中的资源不够，自己的见识、阅历不够，自身的才华、能力不够，遑论什么人脉资源，团队架构，科学管理，这些更不是短期就能掌握的东西。

做销售，的确有可能短时间赚大钱，然后年少成名，完成人生第一桶金的积累。可首先，这是一个小概率事件；其次，更重要的是，这是关乎能力和思维的问题。

慢一点，给自己多一些学习和沉淀的时间，或许未来走得更远。

慢一点，给自己多一些经历和犯错的机会，或许未来走得更稳。

我很喜欢好友Tommy的公司名"慢慢来"，尽管他们的动作一点也不慢，他们是一支高效、稳定且扎实的团队，强大而专业的审美能力和提供的用户体验远胜于大多数同行。

但是我更喜欢的，就是这种渗透在企业文化内涵中不疾不徐的理念，这种理念引导着他们按照自己的既定目标前行，不求速成，不问成败，只是把手中的工作扎实地做好，假以时日，必成一番事业。

就好比我们小时候常听到的《龟兔赛跑》的故事，别人看不上的东西，别人嘲讽的"慢"，别人有意无意忽视的积累，或许才是真正意义上的"快"。

坚持本心，在变化中调整自己，踏实前行，不被外界的评价和观点所干扰，做好自己的事情，这才是真正的捷径吧。

台下十年功，背后十年心酸。

成人的世界，本就没有童话。

坚持,应是享受而非痛苦

经常收到很多朋友的类似留言:

我每天都发两百封开发信,都坚持快三个月了,还是没什么成果……

我在业务员的岗位上坚持两年多了,没什么突破,总觉得前途迷茫……

我坚持每天早上看英语新闻,风雨无阻,但仍不知道对自己未来有什么帮助……

我在一个公司里十年都没有跳槽,一直坚持到现在,但是看不到希望……

每次碰到这一类问题，我都很想做如下回复。

你对于现在做的事情觉得困惑，看不到你想要的结果，其实是在怀疑自己的工作，因为这不是你热爱的工作，你只是逼着自己去做。你并没有享受坚持的过程，反而认为这是痛苦。

发开发信坚持三个月没成果，那是因为你只懂得复制粘贴，把一套文案用在所有潜在客户身上。你希望有成果，但是你又不想多付出时间和精力去钻研，去分析客户的具体情况从而对症下药。你这不是在坚持把工作做好，你是在坚持制造更多的垃圾邮件。

在业务员岗位做了两年多，没有突破，觉得前途迷茫，那是因为自己的能力并没有实质性的提升。你自己不去自我增值，不去顺应时代的变化而做出改变，又如何让别人给你更多、更好的机会？任何行业，出色的人各有各的特点，但是不出色的人往往原因都差不多。你把自己的混日子，当成了坚持。

每天早上看英语新闻，风雨无阻，听起来很感人，但是，这个礼拜相比于上个礼拜，你的英语水平有进步吗？学习方法改进了多少？如果什么进步都没有，只是为了寻求心理安慰，抱歉，这种坚持，没有任何意义。就跟我大学的一位同学一样，每次说要发奋学英文，开始背字典，但是每次都是从A开始。直到学期结束，还没看完十页。

在一个公司十年都没有跳过槽，听起来不错，说明你喜欢自己的工作，对公司的忠诚度很高。可我想说，这十年来，你有了多少进步，你升职加薪了多少次，你对公司的贡献是否已跟五年前甚至三年前不可同日而语？如果不是，那你这十年所谓的坚持，我可以理解为安于现状。

你的思维和能力都受限在一个极小的空间里，看不到外面世界的变化，所以不是你坚持不跳槽，而是你恐惧外面的世界，不知道何去何从，没有更好的选择。

"坚持"这个词，应该是一种对于目标的努力，而且自己很享受这个努力的过程，这才是对的。那些跑马拉松的人，需要大量的时间和体力的消耗，还要面对一次次想放弃的念头，他们痛苦吗？

我问过很多跑步的朋友，他们都说虽然很辛苦，但是绝对不痛苦，他们享受这个跑步的过程。这就是兴趣的力量，坚持做这件事情能给自己带来的强烈的满足感，挑战自己的极限，这是无比愉悦的。

再说回工作，有些朋友觉得工作很痛苦，周末了客户还要打扰我，周一再说吧；都十二点了老板还是发微信找我，假装没看到吧；这个客户总是没订单，我不想理他了；老板不给我加薪，我不如随便应付下工作算了。

如果你这样想，那说明你不是真心爱你的工作，你仅仅想混口饭吃而已，所以你理解的坚持，跟我理解的混日子，没有差别。

你如果超级喜欢这个职业，假如周末有客户找，你会超级开心，说明客户信任你；如果十二点了老板找，说明老板赏识你；如果客户总是没订单，你应该分析原因，是不是哪些地方做得不够好，要如何改进才能啃下这块硬骨头；如果老板不给你加薪，你要衡量是不是自己的能力还不够，如果要薪水达到自己的预期，需要做些什么样的改进。

为了自己而工作，为了理想而工作，为了初心而工作，这才是坚持本来的意义。享受坚持的过程，你最终会在某一刻发生蜕变，得到想要的结果。

拿我自己来说，我现在坐在窗前，用敲键盘写下这篇文字，我一点都不觉得痛苦，相反，我很开心，我享受这个写的过程，它让我无比兴奋，因为这是我特别喜欢做的事情。

所以我可以写很多文字，不管看的人多还是少，不管大家的评论好还是坏，这都没那么重要。做这件事情，让我有很强的满足感，没有一丝痛苦，反而无比享受，这就足够了。

能够享受过程，这就是值得你爱的工作。

如果做一件事情，感觉到的不是享受，而是痛苦和折磨，那我建议你重新思考自己究竟想要什么，喜欢什么。

坚持，本就是自然而然的事情，是希望自己可以做到更好。

这才是最好的自己。

时光不会辜负你

时光不会辜负你。

这句话应该有个前提：你不能辜负时光。

你如何利用时间，学了多少东西，做了多少事情，其实都是在积累和沉淀。或许在当下你并没有太多感触，觉得你和身边的人没有什么不同。

人生的路上，你走过的每一步，都记录和承载了你的过去，没有办法磨灭，也无法擦掉重来。

当你看到别人名校毕业、简历耀眼，各大企业都向他伸出橄榄枝，一大堆机会送过来任他挑选，你是否在羡慕的同时，也有那么一丝懊恼：假如我那时候好好读书就好了。

当看到别人丰富的职业经历，闪亮而辉煌的业绩，厚得像砖头的简历，追在屁股后面要挖他的猎头，你是否在嫉妒的同时，也有那么一丝无奈：假如我那时候好好工作就好了。

人生没有假如，过去了就再也回不来了。刚工作的时候，角色的转变会让你既欣喜又茫然。从学校到社会，从教室到职场，一步步下来，似乎觉得时间还有很多，人生还很漫长，可以让你慢慢书写你的未来。可一眨眼时间，人生已近中年，职业生涯已消耗近半。

往上走，难；往下看，累。

无数比你更年轻的人都在奋力攀爬，一个个都打算把你"拍死在沙滩上"，你又如何自处？

得与失，本就是硬币的正反面。每个人在失去的同时，必然有自己的收获，这也是一种动态的平衡。

你在看书的时候，收获了知识的丰盈，但或许失去了运动的畅快、游戏的兴奋；你在打球的时候，收获了奔跑的自由，但或许失去了逛街的随意、美食的诱惑。这里没有对错、好坏之分，只是做任何事情，除了你付出的实际成本，还有机会成本。

在某一个领域做得越好的人，他的机会成本就越多。正如社会上普遍流传的一个非常有名的问题：如果地上有100美元，比尔·盖茨是否应该弯腰捡钱？从经济学角度去分析，他最理性的选择应该是不去捡钱，因为他弯腰的这几秒，创造的价值已经远超过100美元。为了捡起地上100美元的实际成本，付出的机会成本却是几千美元。

那么，如何才能让自己的机会成本变大？这里也有一个前提，就是投入时间和精力专注于某一行业，往行业的金字塔尖攀爬，越往上走，你的机会成本就越大。或许某一天，你陪孩子玩两个小时的机会成本就高达几千元甚至数万元，那个时候，你就是真正的人才了。

在攀爬的过程中，你不得不放弃一些东西。别人每天花三小时聊天和刷朋友圈，你最多不能超过一小时；别人每周有八小时玩游戏，你只能砍了用来进修；别人每月有四到六次朋友聚餐，你或许只能有一次，更多的是跟供应商或者客户吃饭；别人每年有很多次家庭旅行，你或许在旅行的过程中还要不断处理邮件，跟客户和供应商打电话。

可人生的奥妙就在于我们除了有理性的认识，还有感性的情绪。正因如此，我们才会时常被自己的情绪和外界环境所左右。因为有爱好，有兴趣，所以我们才会做一些看似并无太大价值的事情。

或许我们知道，我们成不了运动员，但还是会去运动，因为健身的需要。

或许我们知道，我们当不了翻译官，但还是会学英语，因为沟通的需要。

或许我们知道，我们做不了旅行家，但还是会爱旅行，因为放松的需要。

我们每个人都在选择和执行的过程中游走徘徊，看看别人，再看看自己。谁又能真正理性地去做所有事情？谁又能抛弃杂念和一切喜好，专注于自己的领域？

其实无须过分纠结，因为我们所做的每一件事，都会在我们的人生中沉淀。很多东西没有即时的效果和产出,但可以丰盈我们的气质,丰富我们的内涵。

在为核心目标努力的过程中,调整一下心态,花费一些时间在我们的兴趣和爱好上,往往效果会更好。袁隆平先生是顶级的农业领域专家,他还喜欢拉拉小提琴;贝索斯先生是美国的超级富豪,他还喜欢洗洗锅碗。这就跳出了机会成本的经济衡量范畴,是情怀,是兴趣,是浪漫,是给自己减压。

每个人的人生都是自己选择的,既然选择了舒适,那就别抱怨收入低,机会少;既然选择了拼搏,那就别抱怨时间少,压力大。接受这种设定目标后的反推,你想要成为什么样的自己,然后再去权衡,你是否愿意为此付出相应的代价。

如果你计划未来十年后创业做老板,拥有自己的贸易公司,那你在第八年,就应该拥有一定的资金、人脉、资源,还有供应商的支持和客户的信任。你在第五年,就应该是贸易公司中层以上管理人员,才能有足够的平台和长足的发展。而五年内要做到中层,那你在基层奋斗的时间最多不超过三年,而且要成为公司最好的销售,才能有机会晋升到经理职位。这样的话,你只有两年时间来证明自己能把销售做到最好。

算下来,全面储备的时间就不到一年。这一年内,要把很多模块的工作都做扎实,要全方位提高谈判能力、销售技巧、写邮件水平、口语能力、跟进技巧、法律法规意识、市场规划意识、订单操作能力,并且能熟知目标市场、产品知识、生产进程、验货标准、监装细节、验厂内容、展会安排、策略布局、单证制作、售后服务、财务知识,凡此种种不一而足。

把详细计划一列，目标量化，你就会发现，如果按照这个目标来走，每个月要做的事情有一大堆，需要立刻执行，因为时间不够了。

如果你想把未来掌握在自己手里，那就只能主动出击，提早启动，越快越好。时光不会辜负你，你付出的所有，你努力的过往，都会在未来的某一刻给你回报。

若是你问我，何时该列计划，何时该行动。

我的答案是：现在！

> 如今的世界，何来怀才不遇

前些日子，有个朋友在微信群里给大家分享跨境电商的运营技巧。比如如何推敲关键词、如何调研目标市场、如何选品、如何推算运营成本和设置价格、如何定期上线新产品、如何蹭热点活动、如何多渠道引流等。

他这几年生意做得不错，是最早一批做外贸电商的，如今带领团队，运营着十多个亚马逊店铺和一些其他平台，年收入已超过一千万元，生意做得风生水起。更难得的是，他性格很好，也乐意把自己的经验分享给大家。

那天晚上我正好有空，在群里看完了他所有的课程，不由为他的奉献和分享精神暗暗鼓掌。他分享的绝不是网上那些花拳绣腿的三脚猫功夫，而是他压箱底的本事，都是实实在在的干货。

他当时分享过几个工具，我也立刻去他提到的国外网站上下载了相关的软件和应用。这些工具有些是试用版，有些需要付费购买，但是价格都不贵，也就是几美元的事情，根本不用纠结，试错成本很低，买来用就是了。

可没想到的是，等他分享完后，群里面很快就炸开了锅。我简单看了下，除感谢他的分享和极少数人表示"立刻执行，当晚就去尝试"之外，大多数人的发言内容集中于以下几类。

第一类：你做电商早，早已完成了资本的原始积累，流量自然很大，生意做起来肯定轻松。我们这些刚开始做的小人物，根本没什么机会。

第二类：你都已经是大佬了，拉我们一把吧，告诉我们现在什么产品好做，让我们也跟着赚点小钱。

第三类：你是大V，所以说什么都对，可我们没你那么有钱，做什么也没人支持，老板也不认可，现在大环境不好，逆袭太难了。

第四类：谁有这些软件的破解版？发我一份，谢谢。

有个周末，我约他一起喝下午茶，聊起那天群里的这些言论，我们对此的看法基本相同。他感慨道："世上哪有什么好卖的产品、好做的行业，每个你看得到的赚钱机会，背后都是无数的坑和无数的竞争对手。现在信息太透明了，稍微有一点利润的行业，很快就会有无数同行蜂拥而至，怎么可能会有只有你知道，而别人不知道的赚钱门路？太不现实了，那些年轻人还是太天真了。"

我说："他们不是天真，而是迷信速成，总想着快速找到好产品，很难沉下心去做事，结果好多年下来，还是一直在询问，一直在找产品，什么外贸产品好做，什么电商产品好做。"

他点点头道："很多人总觉得自己怀才不遇，没有遇上好机会，觉得自己是千里马，就是遇不上伯乐。可是他们不想想，在现在的社会，哪里还会有怀才不遇的情况？"

他这句话让我深表赞同，如今的网络时代，信息无比透明，出人头地的机会比过去任何时候都要多，如果你真的有能耐，你有无数机会可以证明自己，何来怀才不遇？

假如你写作能力很强，你可以写网络小说，可以开公众号，可以做自媒体，有无数渠道供你施展才华，而不是像以前那样只能向报纸、杂志等这类纸媒投稿。

假如你创新能力强，有许多奇思妙想，你可以制作各种有特点的小视频，发在各种网络平台上，向大家展示你的才华。

假如你有一个很好的项目，但是没有钱，你也可以联系到各路投资人。这个世界上很多人在拿着钱找项目，只要你的想法和创意足够好，一份商业计划书或许就能打动对方。

假如你工作能力超强，远胜于大多数同事，但收入远低于你应得的，你同样有无数机会跳槽到一个愿意支付给你合理薪水的企业。

在我看来，大多数的抱怨，表面上抱怨的是别人，其实内心深处还是源于对自己的不信任。所谓的怀才不遇，或许只是自我安慰罢了。

懒得去学习，懒得去付出，懒得去沉淀，永远用一些似是而非的理由来给自己的懒散找借口，或许这就是大多数人在做的事情。

心理学上有一个理论说，人是认知的吝啬鬼，意思是，当人们找到一个勉强说得过去的理由，就会停止深入思考，认知到了这个层面就会停止。

所以如果用"大环境不好""时机不对""行业不佳"来做借口，往往能说服自己，觉得不是自己能力有问题，而是外在的原因。找到了替罪羊，就一次次给自己灌输"怀才不遇"的观点。于是抱怨，感慨，再抱怨，再感慨，循环往复，就是没有行动，从来不去尝试破局。

赵本山讲过一个段子，大致意思是："没能力就说没能力，不要到哪里都说大环境不好，你就是破坏大环境的人呐！"

任何行业，其实都遵循"二八定律"。热门行业，客户多，机会多，竞争对手同样多，照样是80%的人陪跑；冷门行业，客户少，机会少，竞争对手其实也少，依然有20%的人赚大钱。

行业的选择是一种动态的平衡，不存在绝对的好行业或者坏行业。所谓怀才不遇，也只是一个小概率事件，短期内没有人看到你的价值还能解释，可是你从入行就喊怀才不遇，喊了十年，还能是怀才不遇的原因吗？

我们虽然生活在同一个世界里，但是对这个世界的理解，每个人是不一样的。生活阅历的不同，造就了每个人看问题角度的不同，思维方式的不同。

当你只看到没机会、不公平，不妨想想别人对待同一问题的看法。剑在匣中未曾鸣，可一旦出鞘，你是否能让别人感觉到"观者如山色沮丧，天地为之久低昂"的气势呢？

不用付出心血，就能轻而易举成功，这是很多人希望走的捷径。可这世界上何来捷径？你要想得到任何东西，都要付出代价。所有的举重若轻、才华横溢，都是背后锤炼、试错、优化后的结果。

社会在不断发展变革，对人的要求越来越高，大家的认知和能力也在提高，优胜劣汰就成了必然选择。不要说你是潜力股，你必须用事实来证明。

与其感慨"不遇"，不如先让自己"怀才"吧。

且对自己·问心无愧

我的助理总是时不时向我抱怨，我们的文章又被某公众号抄袭了，我们的文章又被某自媒体洗稿了，我们要投诉。

每次我都跟她说："要淡定，有人抄袭某种程度上也算是好事情，至少说明我写得还可以，会有人看，若是我水平很烂，谁还会来抄袭？"

她愤愤不平道："话虽如此，可有些人真的太过分了，甚至还有不少大公司也做这种事情！哪怕注明转载或者引用也行啊，这么做太没诚信了。"

是啊，在如今这个社会，诚信或许已变成难得的品质了吧。当然，制度和规则也不是没有漏洞，毕竟抄袭成本太低，很多人甚至觉得，我摆明了抄袭又如何？大不了等你投诉了，我再把文章撤掉，或者等公众号或平台方删除，并不会对我造成什么损失。

有些人就有那么点小聪明，只看到眼前利益，只想着迅速引流、赚快钱。抄袭无疑是比原创更快的"捷径"，但是这种"小聪明"，只能蒙混一时，是无法撑起长远发展的。

如果仅仅因为有人抄袭就愤而封笔，或者整天怨天尤人，这里投诉、那里打官司，哪有时间和心情去写出好内容？对于真正喜欢自己的读者，这是莫大的损失。文章也好，著作也罢，更多是写给自己看的，是自己理想和情怀的记录。别人爱看，我欢喜，这就够了，没必要过于功利，平常心对待就好。

这跟我的本职外贸工作并没有什么区别。外贸行业同样有恶性竞争，同样有搅局者存在。但职场上的"战争"不是速战速决，而是持久战，如跑马拉松一般，看谁能坚持到最后，其间考验的是韧性和对整体的把控。赢了，固然可喜；输了，也没什么，尽力就好，问心无愧，不需要对任何人解释。

我曾经发过一首诗《外贸人，你不必》，引爆了朋友圈，写出了外贸人的心声。这里摘录下来，献给所有做外贸的朋友，也献给我自己。我要补充的是，这首诗并非我原创，而是我原先的助理张蕾根据我提供的素材写的。我在这里一并感谢她过去的出色工作，以及给我的帮助。

外贸人,你不必

外贸人,

你不必在刚踏入外贸行业时就开始焦虑,

只要好好动脑,勤勤恳恳,

在惶恐不安之外总有个词叫水到渠成。

外贸人,

你不必每天都重复地、无休止地发开发信,

我想你肯定明白,

有些东西永远只能在精不在多。

外贸人,

你不必在面对每个客户时都绷紧神经、血液逆行,

有一个词叫经验堆叠,

在你还没有成长到足够强大之前,

除了努力,

你还要学会的是,

放过自己。

外贸人,

你不必在订单被拒后就开始对自己产生怀疑,

我知道你一定已经有所收获，

哪怕仅仅只是一次试错，

我也知道，

你非常努力，非常不易。

外贸人，

你不必每天加班到深夜，

这个城市的凌晨并非每天都不一样。

我知道北上广深奋斗的气氛太感染人，

但是千万不要用你的健康换取发展。

外贸人，

你不必时刻谨记领导的嘱咐，

生活除了工作，

还有诗和远方。

外贸人，

你不必时刻都想着通过奋斗给家人更好的生活，

相比于物质，

父母更希望你能平安喜乐。

外贸人，

我不劝你放弃追求成功，

因为这不可能。

我只希望你在奔跑途中，

除了自己的影子，

还有别的人和事可以拥抱、依靠。

且对自己，

问心无愧。

第二章

精力管理

ENERGY ADMINISTRATION

职场背后的红与黑

为什么受伤的总是我

每年年底,都是职场人升职加薪和绩效考核的时候,也是最重要的、大家最关心的年终奖发放的时候。每年一到这个时候,往往是几家欢喜几家愁,人间百态在一个小小的公司内部展现得淋漓尽致。

这也难怪,现在的市场经济条件下,任何一个行业都不存在薪酬均等的可能性。有竞争就会有优胜劣汰,贫富差距就会拉开。

当然,还有一个问题让许多朋友无法释怀,就是收入分配的不公平,或者付出与所得不匹配。

朋友Jessie就来抱怨,说她在公司里劳心劳力,从跟单到采购都亲力亲为,除了自己的客户和订单,还帮老板跟几个大客户的单子。每天辛苦得要命，一整年下来几乎没睡过一个好觉。半夜里客户发来邮件，要及时回复，怕错过机会；凌晨国外客户打来电话，也不能不接，怕引得客户不快；供应商不配合，她得苦苦哀求对方帮忙；晚上装柜，她通宵监装到集装箱关门……

论业绩，她是公司业务员里最好的那个。

论能力，她的工作量最大，远超过其他同事。

论可靠，她跟的订单，都是四平八稳，出错概率很低。

论辛苦，她手里负责的大客户最多，最烦琐。

论敬业，她能24小时连轴转，只要老板需要、客户需要，她随时出现。

论努力，她一年没请过一天假，就连在法定假期，也用手机处理邮件，从未停歇。

可结果是，到了年底，公司重组业务团队，提拔业务经理兼任公司副总，人选不是她，而是各方面都不如她的另一个业务员Leo。

照她的话说，Leo这家伙太圆滑，做事情不够踏实，总是找机会偷懒，这个事情交给助理，那个事情让跟单来做，出了问题只是一味地推卸责任，而不去想如何解决问题。

Leo业绩也一般般，他所有的时间都在开发自己的客户，一年也只有不到30万美元的销售额。而她呢？自己开发的客户就有20万美元的销售额，还帮老板跟进接近200万美元的订单。Leo凭什么跟她竞争？她觉得不公平，怎么会提拔Leo而不是提拔她。

我也曾有很多相似的经历，跟Jessie的聊天让我想到了多年前的自己，勾起了我不少回忆。

那时的我刚入行不久,只知道一门心思往前冲,碰到问题就解决问题,碰到麻烦就处理麻烦,尽可能少打扰老板和同事。只要是老板交代的事情,那就全力以赴去执行,不打折扣。

我也觉得自己工作十分努力,觉得自己贡献很大,但是升职也好,加薪也好,都没我的份。我当时也不明白,凭什么公司就看扁我,凭什么那些不如我的同事,可以拿得比我多?

后来经历得多了,我才逐渐悟出了一些道理。我是这样回复Jessie的。

第一,你是卖力工作,还是聪明工作?要知道一个道理,会哭的孩子有奶喝。你觉得自己扛下所有问题,不抱怨,不计较,别人应该肯定你,但是在别人眼里,却觉得这是因为你的工作还没有饱和,或者没有难度。别人抱怨跟单太烦琐,没法集中精力做业务,老板或许就会给他分配助理,或许分流部分工作量。别人抱怨薪水少,工作量大,公司或许就会调整任务,或者适当加薪,来稳定军心。你什么都不说,埋头苦干,那就表示你什么都满意,一切很好。

第二,你的工作价值几何?你工作的好坏,是需要用你创造的价值来衡量的。你跟单再好,也只是一个资深的跟单。你帮老板跟进几个大客户,花了很多时间和精力,这仅仅说明你做事仔细,懂得流程化作业,但是你创造的价值,依然是有限的。这是"守成",不是"开拓"。

第三,不要觉得工作努力,为公司服务多年,就应该升职加薪。不好意思,公司看的不是你努力不努力,因为这是基本素养,是你应该做的,并不是你的附加值。工作年限长的确会使薪水增长,但这一定是缓慢的过程。如果想要薪水快速增长,那就只能让自己的工作变得不可替代。

第四，同事比你升职快，一定有他的道理。你看到的是他不务正业，或许公司认为他工作效率高；你看到的是他总是把话推给下属，或许公司认为他能灵活安排工作，有领导能力；你看到的是他只做业务，不跟单，或许公司认为他可以做好开拓，也可以管理团队，是业务经理的首选；你看到的是你的辛苦，他的悠哉，或许他背后的努力和付出你都没看到，你只是根据自己看到的，添加了不少臆想而已。

所以薪水跟员工的价值和贡献高度挂钩，再加上高情商和一些运气，才有可能有所突破。升职加薪，不仅跟能力相关，而且跟思维和格局相关，跟公司的理念和员工未来的发展匹配度相关。一个经验重复多年，重复而无进步，往往才是薪水停滞不前的最大原因。

你想升职加薪，只能让自己变得更出色、更优秀，让公司看到你的价值。

有些工作很辛苦，占据了你很多时间，却没有相应的价值，这类工作就要尽快剥离，让助手做，让其他业务员去分担，而不是自己一肩挑，明明满腹怨气，还让老板以为你做得很开心。

我们常说的"专注"，就是专注于自己的"核心价值"，并以此来构建自己在公司中不可替代的地位。什么都能做，什么都可做，什么都在做，表面上是自由人，实际上老板不会赏识你，只会认为你比较勤奋，仅此而已。

要聪明工作，而不是一味卖力工作。

寻找机会之前，先确保自己有能力去争取机会吧。

被淘汰的不是你，是你的价值

一

很多年前，当我还是小职员的时候，我就发现了职场中一个奇怪现象：老板很愿意打破规则，破格招人，却要求老员工严格遵守公司规则。

我刚入行时是2005年，那时候业务员的底薪大概是1200元到1700元，外加提成。在这个区间内，每个业务员、业务助理因自身经验、能力的不同而底薪略有差别。在公司工作一段时间后，业务员底薪会根据情况逐步增加,但是1700元是天花板,其余的奖金和提成要靠订单和工作表现来争取。

那时候我只是个小职员,也不知道具体的行情,但是本能地觉得这个模式还是比较公平的,这说明公司不以资历论英雄,而是以成败论英雄。业绩好,订单多,自然收入就高。底薪的差异小,这也是很公平的。

后来我才逐渐发现自己太天真了。我从老员工之间的窃窃私语中发现,老板招新人,是可以随意破坏自己定下的规矩的。上个月招了个有两年经验的业务员,老板一上来就给2500元的底薪;上礼拜来了个有半年经验的新人,居然可以领到3000元底薪,这让老员工们情何以堪啊。

我那时少不更事,还会为老员工打抱不平,觉得老板一方面克扣自己人,一方面却大开方便之门,太不公平。这样的话,公司就会人心不稳,能力强的,往往会因为这种不公平现象而选择离开。更何况,那些为公司服务多年的老员工,哪怕功劳不够大,至少还有苦劳吧,大肆撒钱给新员工,对老员工的收入和福利却视而不见,这是不是管理上的漏洞呢?

二

后来,我在职场摸爬滚打多年后,才逐渐明白两个很现实的道理:第一,规则本身就是用来打破的。第二,职场上不相信苦劳,只相信价值。

公司有规则没错,但是任何规则都有可能碰到例外,每个人的能力不同、经验不同,这是无法用标准化的薪水来衡量的,只能具体问题具体对待。规则是死的,人是活的。如果公司能碰到各方面都匹配的人才,这个时候,什么规则都不重要了,能够让对方留下来,才是唯一的目的。

比如说，某款产品底价是5美元，老板说了，一分都不会再降。但若碰到能给公司镀金的超级客户，或者一个超级大单的投标，老板或许就不会守住5美元的底线了，计算一下，基本上能保持盈利的话，说不定就妥协了。

产品如此，人也是如此。

有规则吗？有的。

能妥协吗？看情况。

衡量的关键，还是你自己的价值。换言之，你是不是那个能让公司为你破例的人。

三

至于苦劳，往往是无价值或者低价值的员工才会说服自己去相信的。为公司辛苦工作，兢兢业业，的确值得鼓励，然后呢？好像也没有什么了。

为什么会出现职场天花板，为什么有人到了一定年龄后，如果难以晋升，基本就会被裁员或者变相裁员，虽然有各种各样的理由，但其中一个重要原因还是价值的考量。说得直接点，就是你到了一定的阶段后，公司发现你的贡献已经配不上你的所得了。

大把的年轻员工可能经验不如你，但是能力并没有差太多，而且学习能力更强，有更多时间和精力，未来的上升空间更大。更重要的是，公司给年轻员工的薪水可比你低不少。而你人近中年，薪水高但是价值不高,在这个岗位上待了多年,还阻挡了别人的升迁通道,久而久之,就变成了公司的鸡肋。

当你需要跟老板强调苦劳的时候,就说明你已经没法创造像样的贡献和价值,不具备有说服力的功劳了。所以你只能寄希望于你付出的时间和过去的忠诚可以得到公司的认可,好继续为你的未来买单。

这可能吗?如果你今年和去年相比毫无进步,凭什么认为收入会更高?当别人大步向前,而你停滞不前的时候,凭什么认为裁员不会轮到你头上?

你对于收入和未来有更高的预期,那自然就要对自己有更高的要求。你的价值,才决定你的未来。

踏实工作,不迟到早退,严格执行公司制度,数年如一日,这些只能说明"劳苦",但不能说明"功高"。

而职场上残酷的现实是,你能走多久、走多远,主要还是看你的价值和贡献,看"功高",而"劳苦"只是附属品,锦上添花罢了。

四

有一次去克罗地亚旅行,在杜布罗夫尼克老城,我偶然跟我很久之前的老板相遇。聊起当年的事情,他笑着说:"有些老员工总是抱怨薪水不如新人高,那是因为他们不愿意承认自己能力不够,所以要找一个借口给自己开脱,把自己当成受害者,以此让自己内心好受一些,所以我就成为他们的抱怨对象了。"

他接着说道:"很多年轻人,情绪很容易被煽动,结果他们头脑一热,就跟着一起抱怨公司，攻击老板，甚至抱团辞职，以此来威慑公司。但是最后呢？或许你们会发现，即使年轻人走了，老员工们也不会走。这就是他们的策略，让公司一批批新员工因抱怨而离开，从而让老板见识到老员工的忠诚和重要性，然后给他们升职加薪，这才是他们的目的。"

这些道理，也是我后来经多年历练，才逐步体会出来的。不要看别人说什么，而要看他做什么。行动才能说明一个人真正的想法和态度。

每个人的薪水和整体收入，从长期来看，其实还是跟自己的能力高度匹配和正相关的。也许在短期内你的薪水被压低，或者能力被高估，但一定会在一段时间后，又回归市场标准。比如，老板通过猎头高薪挖来一个新入职的主管，可用了几个月后，却发现他能力平平、简历造假，这也不会、那也不懂，结果还是逃不过出局的命运。

时代在剧烈变化，一批批学习能力强、思维活跃、态度积极的年轻人进入职场，成为你的下属，成为你的上司，成为你的老板。

如果你还在不断重复过去的工作，你的价值就会越来越小，因为你进步乏力，因为你缺乏变化。

不要强调你有多少年经验，或许除了多年的重复劳动，你的能力真的很一般。价值没有提升，工作态度还不如从前，你又如何指望收入能有大提升呢？

被淘汰的不是你，是你的价值，因为你已经被更有价值的人取代。

一眨眼，给你学习和证明自己的时间就已经过去。

没有人会给你机会按暂停键。

如何应对离职后被前老板抹黑

我不知道职场中的朋友是否有过离职后被前老板抹黑的经历,我自己有过,在此记录下来,希望给同病相怜的朋友们参考。

当年,我离开了工作过的贸易公司,去了一家知名外企。离职的原因是多方面的。原因之一是厌倦了当时的工作,觉得对自己能力的提升太有限,希望尝试和接触不一样的东西;原因之二是老板的确不靠谱,员工辛苦一整年到最后还是颗粒无收,让我觉得是把自己的前途押在老板的个人信誉上,没什么希望。

当然，这些都是心里的话，我只是平静地写了一封辞职邮件，表示自己离开的想法和意愿，表达自己的职业生涯有新的规划，也感谢老板和公司的照顾。

后来老板挽留，当面聊时，我也说了实话，告知他收入没有达到我的预期。我也希望尝试不一样的工作，所以接下来要去外企，而且一切都已经落实，我随时可以入职。老板在得知我没有继续做同类工作的意愿，也没有自己创业的想法后，大方地表示了祝福，希望我将来一切都好。

本以为此事到此告一段落，没必要再去纠缠，直到后来的某天下午，一个客户的电话才让我知道事情远没有我想象中的那么简单。

那是一个土耳其客户，也是我离开公司前开发的最后一个客户。订单谈妥后我就把事情移交给助理，公司让他以我的名义继续跟客户保持联系。老板当时的解释是，不想让客户觉得公司的人员流动过于频繁，你离开后我们这边继续跟进，经过一段时间的平稳过渡，逐步让客户知道换人接手的事实。

那时候的我还是十分单纯的，并没觉得这样有什么不妥，也就很自然地答应了。当然，为了遵守所谓的"职业操守"，离开后我也没有再联系过去的那些客户，因为我去外企后的主要工作是采购，是寻找供应商，根本不涉及开发客户，也算是跟过去做了切割。

直到我接到土耳其客户的电话，我才知道我的老板，不，应该是前老板，直接带了接手我工作的业务经理飞去土耳其，跟客户见了面，向客户污蔑我品德有问题，贪污公司的货款、收取供应商的贿赂、截留供应商的款项，行为非常恶劣，所以把我炒了。

他还对客户说，我这种人根本不应该再从事外贸行业，提醒客户小心警惕，别被我骗了，他甚至还说他是看在我过去给他工作的份上，没有功劳也有苦劳，才没有把我送进监狱。

我无比震惊，我离开前东家的时候，钱包里只有几百元钱，还欠了几千元的信用卡账，甚至下个月的房租还没着落，吃饭也成问题。谁能想象一个给公司年赚上千万元毛利的业务经理，居然连一千元现金都拿不出来。

我和那个土耳其客户之前只是邮件往来，打过几个电话，见过一次面，虽然彼此不是太熟，但是他总觉得我不是这样的人，觉得这里面可能有什么误会，于是给我打了个电话。我这才明白原来人心如此可怕，也让我真正见识到职场上的翻脸不认人是什么样子。

再后来，接手我工作的业务经理也辞职了，原因跟我当年一样，辛苦一年，到头来老板又推翻了之前的承诺，还是以公司亏本为借口，把提成给吞了，本该属于他的35万元提成都没了，最后发了他2000元奖金。他心有不甘，就主动联系客户，公开老板的行为，并抄送所有客户和供应商，跟公司大闹，弄得双方都很不愉快。

他后来联系我，告知了我当初的情况，说我离开后，老板立刻写邮件给我过去的所有客户，包括还在联系中的潜在客户，逐一把我污蔑一遍。他又担心我这边会有另一套说辞，于是立刻带着他一起从美国飞到欧洲，从日本飞到澳大利亚，连续一个月，就为了去客户面前刷存在感，当面再将我抹黑一遍，稳住客户。让客户都鄙视我，就是为了防止我创业或者去同行的公司工作时抢公司的客户。用前老板的说法,这是防患于未然。

幸亏我那时并没有再做销售,而是去做了买手,再也没有联系这些客户,才对这一切都毫不知情。否则,如果我继续干老本行,或者自己创业,再去联系这些老客户肯定碰壁,因为大多数人已经先入为主,对我失去信任了。他们应该很难想象,一个企业老板会公然撒谎,去抹黑一个员工。

很多年后我才发现,这种事情不只我一个人经历过,很多做外贸的朋友都碰到过。人心是最难测的。

前些日子,有个学员在答疑平台给我留言,说她在公司工作六年,本来要月底离职,但是10号的时候,老板突然更改了她的电脑密码,不让她接触公司的任何电脑,不能跟同事接触。她所有的聊天工具都是以公司名义注册的,也都被突然更改了密码。老板要求人事部门监督她立刻整理东西离开,公司的一张纸也不可以带走。

她突然觉得很委屈,一直以来,自己都是尽心尽力在交接工作,甚至手把手带新人,她只是想跟同事们好好告别,跟一直联系的客户们说声再见,希望做事有始有终,并没有任何抢客户或者搞恶性竞争的想法,可前老板偏偏要做得那么绝。

我给她的回复是:相比你的承诺,老板觉得利益更重要。因为人心实在难以掌握,你今天说不会从事相同行业、不会抢公司的客户,但是难保明天不会。你在公司六年,能力也不低,客户对你也有一定的信任,改密码、封电脑也打消不了他对你的猜忌,你老板的下一步,应该就是在那些老客户面前抹黑你了。

她一开始还不信，觉得虽然老板不讲人情，但总不至于做这种在背后损人的事情。

我也希望不要出现这样的事情。但是半年后，她又联系我，说一切都被我说中了。

半年后，她决定跟朋友合伙创业，开始尝试接触那些老客户的时候，才发现过去聊得挺好的客户，居然一个都不回邮件。她觉得很奇怪，难道真的是人走茶凉？难道客户们都是因为公司而跟她接触，一旦离开了公司，便没人再会理会她？这也太现实了吧！

她有些不甘心，在一次去香港出差的时候，专门去一个美国客户的采购办事处拜访当年的一个聊得不错的老客户时，才得知了真相。她前老板一方面在客户那边对她各种造谣中伤，说她因品德有问题而被公司炒鱿鱼，抹黑她；另一方面飞过去拜访客户，把新订单敲定，把生意稳住。

她这时才猛然醒悟，想起了我原先的猜测，所有的套路都丝毫不差。她虽然没再去联系其他的客户，但是心里已经明白，这时候花心思去跟客户解释，已经没有意义了。你是个人，对方是企业，你的确离开很久，又没有任何消息，这都是事实，如今谁能突然相信你的另一套说辞？

我身边还有一个朋友，原先在巴西某公司的上海采购办工作，因为生意不太景气，在上海也待厌了，就想去深圳找找机会。经朋友介绍，他准备去一家美国公司的深圳办事处工作，职业方向高度对口，美国这边的大老板也对他很感兴趣,有意让他担任深圳采购办的首席代表。

本来一切都谈得好好的,可等他飞去深圳,去人事部门签合同时,对方却告知他,这个合同不签了。他们接到总部通知,说他已经进入了他们公司的黑名单。他觉得很奇怪,打电话向美国的大老板询问才知道,这家美国公司已经被另一家美国进口商收购,而这个美国进口商就是他好多年前服务过的一个大客户。

那时他从贸易公司离职后,这个进口商的订单出了大问题,他前老板为了推卸责任,就说这是他的个人行为,说他私底下收了供应商黑钱,把订单转给小工厂做才出现了严重的质量问题,公司因此辞退了他。客户因为这件事情在零售商面前颜面扫地,那一年,大家都损失惨重。但是彼时他已去了巴西的采购办工作,根本不知道这些事情,他还天真地以为自己谨守职业道德,离开后再也没联系过去的老客户,也算对得起前老板和公司。

所以,美国进口商得知他们收购的另一家美国公司居然要聘请这个人担任深圳采购办首席代表时,当然是立刻叫停,不允许公司跟这种有信誉污点的人有任何往来。

他能怎么做?跟那位老板吵架是没用的,没人会理你。吵赢了又如何?你无法向如今的美国公司证明,这些都是虚构的。打官司也都没有太大意义,失去的东西,再也回不来了。他后来跟我讲,当初还是太年轻,不知道职场的险恶和人心的可怕,早知道这样,离职前就应该跟所有客户说清楚,才不至于让后来的自己如此被动。

所以辞职后如何不被老板抹黑，成了外贸职场中一个无法放到桌面上讨论的话题。从老板的角度来讲，辞职的业务员对公司知根知底，难保不会低价抢客户，还不如先下手为强，断了他这条路。

有点良知的老板或许会采用让员工签保密协议的做法，支付一点相应的费用，来避免离开的业务员跟公司恶性竞争，万事留一线，日后好相见。而有些人品低劣的老板，就会采用阴招背后整人，哪怕客户将信将疑，也不会毫无保留地信任你了。同时也会给你未来开发客户时增加很多困难。

那我们究竟应该如何做才能避免这一问题呢？难道在跟公司协调好离职的事情，就马上通知所有客户？很多公司是不允许这种做法的，甚至这么一来，本来没有疑心的老板都会起疑心。

有学员采取的是先斩后奏的做法，直接用私人邮箱写邮件告知客户自己离职的情况，希望将来能保持联系。这又是一个错误的行为，你能确保客户会支持你、信任你，不把你的这个行为告诉公司吗？再说，你还有薪水和提成没结清，在离职这个节骨眼上，不应该制造不必要的不稳定因素。

我的建议是，一切摆到明面上来，用企业邮箱出一个正式的离职邮件，大大方方地告知客户。邮件内容要客气委婉，感谢客户一直以来对你的信任，顺便"吹捧"一下你的公司和老板，表示各种感激之情。表面上是给足老板面子，实际上是向老板表明态度，让老板无法在你离开后再去客户那边对你造谣中伤。这也是许多外企的一种标准做法，没有任何针对性，用在外贸企业里，我倒觉得效果不错。

假设我是要离职的业务经理,客户的名字是Gary,我老板是Frank,接手我工作的业务员是Jack,那这个邮件或许可以这样写:

Dear Gary,

I'm really sorry to inform you that tomorrow is my last working day in ABC Trading.

In the following days, I plan to take a short vacation with my family, and then start another job in procurement area.

I would like to say a BIG THANK YOU to you. I sincerely appreciate your support and help in the past years. My boss, Mr. Frank Wang, together with Jack, our sales manager, will take over my work and handle all inquiries & orders from your side.

They are really nice guys with full of experience. I'm sure you will cooperate happily, much more than what I did. I put their-mails in CC line, and you could reach them easily.

Greetings on you and ABC Trading. A big hug to you all!

Yours faithfully,

Yibing

不要考验人性,职场上要学会保护自己。

别在无谓的人身上浪费你的时间

一

接到一个亲戚的电话，整整大半个小时他都在向我咬牙切齿地诉说被好朋友出卖的事情。

事情其实不复杂，这个亲戚是在一个不大不小的三线城市做房产中介的，这大半年来一直帮他这位好朋友找房源，花了不少时间和心血。

结果，这位好朋友最终选中房源后，却私底下偷偷找其他中介做了这一单。我亲戚后来才知道，他这位朋友的母亲也是做中介的，只是她手里没有好房源，才让他儿子找其他中介看房，看好了就私底下联系房东，在自家中介办理相关手续，逃掉所有的中介费用。

在房产中介领域，这其实就属于"跳单"了，这是一种非常不厚道的做法。他在电话里义愤填膺地向我控诉那位朋友的不厚道，说这么多年的兄弟情谊，还不如几万块中介费值钱。而且他先前已经告知这位朋友，他肯定会全力以赴，给他在房东那里争取最好的价格，收他最低的中介费用。对方嘴上满口答应，但是一回头就……

听了这个故事，我淡淡地回了一句："那你打算怎么办？"

他思索良久道："我也没想怎么办，只是觉得，人心怎么这么可怕，在一个小城市里，大家抬头不见低头见，为了万把块钱，值得吗？再说，他不是没钱，这两年做生意也赚了四五百万元，有必要这么过分吗？我就是觉得不甘心，几天都没睡好。"

我说："如果你打算追究，那就走法律途径，但根据我的了解，这官司你未必能赢，虽然国内也有这种跳单官司打赢的案例。如果你准备这么做，那你现在就要开始取证，然后找律师准备诉讼。如果你需要，我也可以帮你。哪怕打不赢官司，也可以给他一个态度，让他明白，不是所有事情都可以不守规矩。"

他答："我其实根本没想挣他的钱，如果他一开始仅仅想找我帮忙，我当然会帮他，跟他共享房源，根据中介的规则收一点房源费，甚至不收钱。请我吃顿饭什么的也没问题，都是从小一起长大的多年的好朋友。但是他一开始什么都不说，用做生意的方式来诓我，当所有的事情都办好后，再跳单，我只是接受不了这个事实。我打电话给他，他还毫无愧意,说我只认钱,问我哪条法律规定不能跳单。就是这种说辞,这种理所当然的态度,让我跟他大吵了一架。"

每个行业有每个行业的规矩,有些规矩虽然没有明文规定,但是大家都心照不宣,所以这个社会才能长期稳定地发展下去。比如在外贸行业,贸易公司带客户去工厂,如果工厂变着法儿跳过贸易公司直接抢客户,一定会把名声搞臭,大家也会群起而攻之,未来就没几家贸易公司敢跟这个工厂合作。

所以很多时候,争取利益没错,但不能越界,大家心里都有一杆秤。合法的事情不一定合情,不一定合理,也不一定合规。

关于他这个朋友,我建议他不管这次如何处理,以后还是尽量别联系了。大家的价值观不同,我们觉得错的事情,别人或许觉得理所当然。与其要花大量的时间和精力去辩驳,去让对方意识到自己错了,不如把时间留给自己,留给家人。

说回这套房子的事情。按照这个小城市的规矩,房东和买房者要一人付一半的中介费,也就是这套房子的房东和买房者需要各付两万四千元的中介费。结果他朋友跳单后,他这边一分钱没得到,房东的两万四千元也直接进入朋友母亲的腰包。

在我看来,关于这个单子,他的朋友其实有三套方案可以走。

方案一:按照合同办事,走正规流程,付一个象征性的中介费,比如三千元,但是房东这边,需要支付两万四千元中介费,也就是中介得到的总费用是两万七千元。

方案二:协商一个房子的净价,让房东拿到他该拿的钱,然后他再单独支付中介费，他的朋友会给他一个很好的折扣，比如三折，也就是万把块钱。

方案三，也是开支最少的方案：直接跟我亲戚说明，这套房子，他要在他母亲的中介公司成交，但是没有房源，希望他共享房源，他会支付两千元房源费。

恕我有"职业病"，外贸做久了，总是习惯性地做方案。但是通过这件事看出，在他那位朋友的心里，他们的兄弟情谊还远不值方案三这两千块钱。情愿大家日后不再相见，也要赚走每一分钱，这就是他的最终选择。

所以无论如何，不管这个事情是否能立刻翻篇，面对这样的"朋友"，没有必要再去耗费时间，敬而远之吧。

二

这让我想到自己的一些经历。

某一天，有个朋友加我微信，说他是我八年的忠实粉丝，从福步论坛开始看我写的东西，我写的每一本书他都看过，后来又成为我的米课学员，一直追随我到现在。

我也很高兴，难得遇到从七八年前一路跟到现在的老朋友，所以他平时请教一些问题，我也是不厌其烦地帮他分析和策划，也帮助他拿下几个难啃的客户。

有一次他说他买的我的《函电书》丢了，上面记了很多笔记。我也觉得可惜，于是答应送他一本我签名的《函电书》。他问我能不能多送几本，他很多朋友也是我的粉丝，我就一口气寄了五六本给他。

又有一次，他说他口语书的光盘坏了，问我有没有音频文件，我也根本没多想，就让助理用邮件发给他。

还有一次，他发了一个很长的案例给我，涉及一个客户的30多封往来邮件，有大段的截图和文字，在微信上看实在是不方便，我就随口回了句，在学员答疑平台提交吧，我用电脑看，晚一点回复他。这时候他就支支吾吾，请我务必用微信回复，因为他还没购买我的课程。

好吧，我也理解，有些朋友担心我对没买课程的人会区别对待，所以会假装是学员。我当晚用了大约三个小时的时间来研究他的谈判思路，以及具体该怎么切入，如何打消客户疑虑，如何解决遗留问题等。因为涉及很多隐私，我也答应他，这些内容我都会保密，不会分享到公众号上。

但是后来的一件事情，让我对这个人彻底失望了。有一天他给我留言，希望我送他一套免费的课程，或者把所有的课程视频发他一份，他可以自己学习，也可以跟朋友分享。

我当时就有点生气，倒不是为了赚他那点钱，而是他让我把自己的劳动成果免费提供给他，还要分享给别人，这是不尊重别人的劳动。

但是他不觉得这样有问题，他很自然地认为，你分享内容，本来就不是为了赚钱，哪怕是为了赚钱，也不差我一个，也不差我身边的朋友。我帮你免费做了宣传，还没收你的营销费用呢，所以你根本不吃亏。

这时候我猛然发现，很多时候，人与人的思维方式是完全不同的。用现在流行的话来讲，就是"三观不合"。在三观不合的情况下，你想要说服对方，让对方接受你的想法，同意你的观点，简直是天方夜谭。最好的办法，就是不要再去解释，别试图改变别人，别浪费自己的时间。

我本来不想再理会他了，结果他不依不饶，用各种问题不断地轰炸我，我改为选择性地回应。可他依然我行我素，总是强调自己多尊敬我、崇拜我，所以才经常向我请教，还抱怨说，不就是占用我一点时间吗，举手之劳而已，何必那么小气。书和课程，被更多人看到和学习，这不是好事情吗？赚钱有那么重要吗？

某天我实在忍无可忍，就回复了他一大段话，大致的意思如下。

我有我的工作，我没有那么多时间回复你各种各样的问题，即便有，也是挤压我自己的休息时间来完成的。我喜欢帮助别人，但不是无限制满足任何人的任何要求，也不可能回复所有人的所有问题，否则我每天24小时不睡觉都办不到。写书也好，做课程也好，都不是我的本职工作，但它们的确是我超级喜欢的，是我的爱好和兴趣所在。这些爱好能给我带来收入，这是对我最大的鼓励，但并不是说我就必须免费给你提供这些东西，免费为你服务，不好意思，我不欠你的。或许在你眼里，我的时间不值一提，但是在我自己看来，这很重要。一个不尊重我的时间的人，能尊重我这个人吗？

说完后我把他拉黑，感到如释重负，无比轻松。

三

《三字经》开篇就告诉我们："人之初，性本善，性相近，习相远。"因为成长环境的不同，每个人的思维方法和行为方式就会变得不一样。

正因如此，每个人从行为方式，到最终的结果，自然是大相径庭的。如今我开始逐渐接受这种"不同"，开始真正理解"求同存异"这个词。如果大家对一些事物的观点和想法一致，这是好事情；如果有分歧，也没什么，理解就可以。

对于那些与我们三观完全不同的人，就没有必要再浪费时间跟他们交往了。或许你会顾虑，觉得这样会得罪人，因而畏首畏尾，把大量的时间浪费在了无谓的人和事情上。

那些并不在意你时间的人，多半也没有那么在意你，他们只在意他们自己。

那些并不尊重你劳动的人，多半也没有那么尊重你，他们只尊重他们自己。

那些想把便宜都占尽的人，会觉得你的损失不重要，他们只关心他们自己。

用狭隘的思维和眼界去看待一切，把自己的观点强加在别人身上，本身就是很可怕的事情。没必要浪费自己的宝贵时间去改变别人，别想着做救世主，做好自己就可以了。

我们不需要取悦所有人，这根本就是不可能完成、也没有必要完成的任务。如果你让身边的每个人都满意和高兴，重视每个人的感受和想法，那最不满意和最不高兴的那个人，就是你自己。

何必？何苦？不要执着。

别痴，别傻，远离就好。

任劳任怨不能让你在职场成功

一

任劳任怨,是不是优秀品质?

理论上,是的。现实中,同样是的。

谁不喜欢任劳任怨的员工?脏活累活,从来没有二话;只要领导吩咐,那就全力以赴;只要同事需要,立刻出手相助。每个老板都巴不得有这样的员工,每个员工都巴不得有这样的同事和下属。

那任劳任怨,能否助你在职场成功呢?

很遗憾，我要说一个残酷的答案：不是。

要想在职场混得风生水起，仅仅靠这一点，是远远不够的。

二

前阵子跟几个猎头朋友聚餐，大家说起这些年外贸行业的不景气，纷纷表示无奈。很多外企不是裁员，就是内部改组，美国和欧洲总部那边也都不怎么样，连带这些猎头们的生意都大受影响。

香港的情况也不乐观，别说大量贸易公司和外企的采购办了，哪怕是金融行业的核心人才，高管跳槽者都寥寥无几，大公司放出来的黄金职位也很少。大量中低层管理岗位的薪水标准和预算都是一减再减，再不复往日风光。

大家都在感慨，现在的年轻人，稳定性和责任心都太差，难以沉淀下来好好积累，动不动就辞职、跳槽，过于急于求成，总想着逆袭，想着弯道超车，但又看不到自己的短板，也不想付出太多。

其间有个朋友插了一句话："他们要是像我们当年那样，工作几年如一日，任劳任怨，迟早可以出头，总能找到自己的位置。"

没想到此言一出，大多数人都摇头。职场上获得成功，绝对不是任劳任怨这个品质造就的。这是个好品质没错，但是大多数任劳任怨的人，难以获得自己想要的价值，成为梦想中的自己。

三

其实很久以前，我就问过一个与此相关的问题。当时一个猎头老大神秘一笑,说:"如果任劳任怨的人都升职了,谁给我们干活?"

仔细一想,的确是这个道理。因为在企业,大家看的是价值贡献度,是你工作的层次和维度。

如果任劳任怨就可以做好一件事情,说明这件事情难度不大,价值不高,可替代性强。或许这种品质可以给你带来一些机会,但这是很偶然的,并不具有普遍性。老板也许因为这一点而给你加薪,但是不会因为这个而给你升职,或者在工作上委以重任。

老板会委托一个任劳任怨的业务员给大客户订机票和酒店,但是绝对不会委托这个业务员主导公司核心客户的订单谈判。因为后者不是谨小慎微、任劳任怨就可以做好的,这里看的是能力和价值,不是任劳任怨。

你的任劳任怨,别人看在眼里,会感激你的付出,但并不见得会因为你的付出而支付你过高的溢价,或者对你委以重任。

举个例子,一位业务助理,兢兢业业地给主管做会议记录、泡咖啡、订机票酒店、填写公司内部的各种表格、传达主管的各项通知和任务,任劳任怨,工作认真,很少出错,让主管很满意。他所得的回报是什么呢?年底拿到一个还算说得过去的年终奖,明年加薪20%。这已经是很大的奖励了,而且这种奖励还会有很多的不确定性因素存在。主管是不会因为你工作上的任劳任怨而给你升职的。因为工作是工作,不会因为对你这个品质的欣赏,而冒险给你更高的、与你的能力不匹配的职位,那样只会带来更多的麻烦和问题。

四

千万不要觉得，把手头工作做扎实，把领导安排的工作保质、保量完成就够了。如果你对职业生涯有追求，对个人发展有想法，希望持续往上走，这是远远不够的。

你需要花更多的心思去研究自己跟别人的不同，去了解更高的职位需要匹配哪些技能，去设法学习和提升自己目前欠缺的能力，哪怕能争取到一些试错的机会，都是相当宝贵的。

任劳任怨，可以让上司看到你的品质和诚意，而为自己争取更多的机会；可以让同事看到你的诚恳和踏实，而为自己减少更多的敌人。但这并不代表所有的事情都要去做，所有的事情都不能推。

如果你什么都做，什么事情都不拒绝，做同事们的好好先生，那么你学习和做有价值的工作的机会就越来越少。

有所为，有所不为，接受可以接受的，拒绝需要拒绝的，这考验的是你与人相处的情商。

五

在我看来，一个人的职场生涯，是可以分为很多个阶段的。

早期是经历和学习阶段，在这个阶段很多事情都要去尝试，你做的每件事情都会成为你的积累，成为你人生中宝贵的财富。在这个阶段，任劳任怨可以给你带来很多意想不到的机会和收获。

到了中期，你若想在职场中脱颖而出，就不能幻想别人帮你，而要通过自己的能力和价值去争取机会。

在这个阶段，只会任劳任怨并不能让你的工作有跨越式的提升，所以不要指望仅凭苦劳来获得升职机会，公司多付的薪酬，对应的只能是能力和价值的增长。

所以要专注于自己核心价值和核心能力的提升，以一个或多个点来带动整个面。很多不重要和不紧急的事情，需要做适当的规划和分流，交给团队来完成。提升效率和价值，才是公司需要的。

到了后期，若想在职场上继续有一番作为，更多的是依靠经验和人脉，通过长期的积累和阅历，去整合资源、平衡利益、化解难题、调整方向。

这个阶段依靠的是个人的综合能力，从平凡处展现不平凡，从不可能处发现可能性，而不是继续跟年轻人拼时间，拼精力。若还是抱着任劳任怨的态度去完成公司和客户要求的工作，那就错了。

六

所以，当你在用心工作、努力生活的时候，要先问问自己，如今处于哪个阶段，有没有做这个阶段该做的事。

功劳或许是无数个苦劳累积起来的，是任劳任怨拼出来的。

可若是没有功劳，再多的任劳任怨也只能让你在职场上混个温饱而已。同事和上司的欣赏和感激，是不足以让你在工作中脱颖而出，做出一番成就的。

你的贡献和成绩，才决定了你能走多远，走多久。

职场中的天时地利人和

"天时、地利、人和"这一说法,最早出自《孟子·公孙丑下》,原文是:"天时不如地利,地利不如人和。"可以理解为,人才是关键,其次是环境,最后才是运气。

天时这东西虚无缥缈,不是个人能力所左右的,更多的与运气或者机遇有关。比如在工作中,我们所处的行业能否站在风口,或者产品能否因为某种特定需求而横扫市场,这个很难说,不是想做就能做,想选就能选的。

这就好像很多年前,外贸是极其热门的行业,大量学生拼命涌入"国际经济与贸易"这个专业,导致这个专业的高考录取分数一路上升。可是等到毕业后,外贸行业早已不是四年前的境况,形势彻底变化,过去的天时,如今已然不再。

再接下来,金融行业成了热点,跟金融有关的一系列专业,都开始受到追捧,成为各大高校招揽优秀学生的热门专业。可是若干年后呢?这股风也开始缓下来,天时又变了。

如今的风口在哪里?或许是人工智能,或许是互联网,或许是大健康产业,它们聚拢大量资本和人才,占据了天时。可是几年后呢?等你学业有成,或者等你在这个行业完成初步积累,结果就一定好吗?未必,这个世界变化太快,或许下一个风口早已出现,过去的天时已然不在。

地利的确是个好东西,占据一方优势,这同样是大家梦寐以求的。如果你毕业后去了一个很不错的公司,得到了充分的发展,职业技能也有了长足的提升,拥有一技之长,也拥有广阔的视野和丰富的阅历,这个时候,你就占据了地利,拥有了平台和资源上的优势,各方面都比同行要优越很多。

小公司的业务员们还在苦哈哈地为底薪增加一千元、提成比例多千分之五而搏命的时候,你这个大公司的业务精英,却享受着出行住五星级酒店的待遇,一年十五天的带薪休假,年薪三十万元的保底收入,还有绩效奖金一大堆的福利。不是小公司的业务员有多差,也不是大公司的业务员有多强,只是在大公司的业务员占据了地利而已。

跟天时相比,地利是可以人为去改变的。你如果缺乏好的资源,比如名校背景、亮眼的履历,没关系,你可以继续努力,继续准备,深入了解这个行业，瞄准自己的目标，根据优秀企业的需求，量身打造自己，不断地学习和突破，去积累人脉，是完全有可能达到预期目标的。

这个转化的过程，就是人和。职场上，人和并不代表要让大家都喜欢你，而是指你的核心竞争力、软实力所构建的独特的差异化价值。

比如你做业务员，你如何做得比别人出色，如何吸引老板的眼光，如何引来公司的关注，这一切有机遇的因素存在，但归根结底还是由实力决定的。只要是人才，在任何环境下，都有自己的生存之道，都能成为那个环境中最闪耀的那一群人。

《孙膑兵法》中有这样的表述："天时、地利、人和，三者不得，虽胜有殃。"

职场上，要三者齐备固然最好，但这必然是可遇不可求的。天时不可得，地利犹可追，唯有人和，是可以通过自己去改变和获取的。能占据人和的人，往往能借此获得地利，让自己进入更好的平台，拥有更好的资源，天时，也就在不远处等你了。

拥有人和，起码就拥有了自己的一亩三分地。不管形势如何变化，都不靠天、不靠地，无惧丢饭碗，因为你家里最值钱的奢侈品，就是你自己。

一线外贸人的彷徨与迷茫

做外贸久了,很多朋友会越做越迷茫,越做越胆小,不知道未来该怎么走,不知道明天会怎么样。不仅担心受国际形势影响,外贸行业会日薄西山;也担心竞争激烈,明天的自己被年轻一代所淘汰。

日复一日,昔日的工作激情已消退,早已不是当年充满锐气、敢挑战一切的自己。做多不见得有什么成果,做少也差不到哪儿去,自己也算是"比上不足,比下有余",这日子一天天也就这么过去了。

跟多年的好友阿峰吃饭,聊起了他如今的彷徨和迷茫。他也算是入行较早的外贸人,2003年入行,经历过传统外贸的白银时期、跨境电商的兴起及如今复杂多样的后外贸时代。低落过,辉煌过,一路跌跌撞撞地走到今天，谈不上大富大贵，但也早已温饱有余。

他如今的职务是一家外贸工厂的业务经理，管理整个外贸部门，手底下有十多名下属，算是公司的骨干成员。可是提起工作，说起未来的方向，他还是一肚子的抱怨和无奈。

他入行十来年，一直坚持着自己的职业理想，但现在渐渐开始怀疑自己到底是不是真心热爱这份职业。他问自己如果有机会去其他公司，薪水增加50%，会不会立刻跳槽，他发现自己潜意识里的答案是"会"，认真思考后的答案也是"会"，这让他觉得很恐惧。

他说，他不是没想过创业，但觉得自己不是这块料，没有特别好的创意，也没有果断的作风。早些年，人脉、资金都是他的短板，仅凭一腔热血是不够的。等到多年后有钱了，能力也随着历练而增强了许多，反而失去了创业的动力，失去了信心。

他说，年入三四十万元，在他所在的二线城市已经算是不错了，有160多平方米的房子，开着名车，在外人眼里他也算得上事业有成。可实际上，他要照顾两边的老人，要供房贷，还有两个孩子要养，而他的收入，也只是保证生活能过得去，但绝对谈不上好。

他说，越是临近中年，无奈的感觉越是强烈。在这个阶段，想好好奋斗都不知道该往何处努力，但是保持现有的样子又让他觉得窒息。哪怕出去旅行几天也会被各种工作事务缠着，一大堆人要靠他，但是他却不知道该去靠谁。

他说，他曾经想再搞点副业，做点小生意，但是根本没有精力和时间去做，也不敢担太大的资金风险。哪怕只是几十万元的小投资，一旦亏损,也得节衣缩食大半年才能缓过劲来。他越想越不敢迈出这一步,即使想迈,也不知道该做什么。

他多年来身处外贸一线,明显感受到时代变化太快,信息逐渐透明,生意日趋艰难,一批一批的年轻人从思维到眼界到接受能力,都远远超过我们,江山代有才人出并不是虚言。这种危机感有时候折磨得他吃不好、睡不好,生怕他哪天就被替代,从而失业。

他说,如今外贸公司的利润已经非常微薄,而内销增长迅猛,电商做得风生水起。若是外贸部门一直没什么起色,或许老板会砍掉整个部门,大家都要面临下岗。他这个年纪,真的不想再出去重新找工作,重新去适应新环境。

听着他的抱怨和倾诉,我知道这并不是他一个人的问题,而是这个年纪的人面临的普遍性问题。工作多年,临近中年,拔剑四顾,内心茫然,虽然我没有心灰意冷,但同样感同身受。

外贸人到了这个年纪觉得彷徨、迷茫,是因为这个职业多多少少有点吃青春饭的性质。你二十多岁的时候可以做业务员,在底层拼搏,可如果三十多岁的时候还做业务员,就很难跟精力远胜于你的年轻人竞争,别人的学习能力和对新事物的接受能力远胜于你。

到了四十多岁,如果你做得不错,成为大公司的中层领导,高薪厚职、衣食无忧,可以带领和管理团队创造和实现新的价值。可如果在小平台呢?空有经理的职位,做的还是业务员的事情,你又如何自处,如何拥有自信?

有些朋友考虑到这一点,就开始纠结,外贸人最后的出路到底在哪里？不像会计、律师、医生这些职业"越老越值钱",这个行业的前途真的只能是一片黯淡？

其实也不用那么悲观,虽然这个行业比较残酷,竞争足够激烈,但不见得就没有别的出路。

比如说,在合适的时候,自己创业,这是一条好的出路。

利用自己的经验和手中的资源与他人整合,合伙创业,同样是一条出路。

往管理层晋升,利用过去多年的积累,在公司稳住地位,这也是一条出路。

利用积累的人脉和资源跳槽,给自己和生意伙伴创造更大的价值,这还是一条出路。

人生有很多种选择,没必要一条道走到黑,也无法一眼看透自己的未来。人的一生本就会经历不同的阶段,每个阶段的目标是不一样的。

二十多岁到三十岁,是积累和学习的阶段,力求把工作做好。

三十五岁是一个坎,决定了你是否在你这个领域里足够拔尖,是否有往上走的能力。

三十五岁到四十岁,是优势打造和资源整合的阶段,你究竟是要成为技术型人才,做业内专家,还是走到管理层面,做管理能手,在这个阶段基本可以定型。当然,如果你有创业的打算,也适合在这个阶段行动。

四十岁以后,靠的就是经验,是丰厚的积累和沉淀,从而厚积薄发。

我们身处其中，只需要树立目标，量化工作，把眼光放远，把手中的事情做到极致，就足够了。

若你没有足够的幸运，起码要有足够的毅力来替代。

只要你自己不认命，到处都会有出路，没有什么好担心的，见招拆招就行。

人不是浮萍，你可以自己掌舵。彷徨、迷茫、边走边看，其实也不过如此。

远去的渡口，彼岸的灯火，都那么远，又那么近。

道阻且长。

不失本心就好。

真实的世界没有童话

一

职场如一方小小天地，自有规矩，自成方圆。每个公司都有不同的问题，有人的地方就有江湖。

我们没有办法指望老板如圣人般高洁，同事如兄弟般友爱，在职场若是抱着大家一团和气的想法，那未免也太过天真了。真实的世界，必然有利益冲突，必然有各自立场和思维方式的不同。

若是写一篇关于职场中遭受种种不平的文章，相信很多朋友都能写好几千字，甚至自己都不敢相信，能写出如此长篇的文章来，因为是亲身经历，往往刻骨铭心。

这就好像一个孩子,从来不知道火焰会灼伤手指,妈妈提醒他,他或许能听进去,知道这东西有危险,但是并没有切身体会过灼伤的疼痛究竟是什么感觉。

只有被烫伤过一次,他才会理解妈妈说的被火烫到是怎么一回事。因为经历过,才会懂。

我想在这里讲一个学员的故事,这是她在职场中的亲身经历。她自己的确存在着种种问题,但这段经历,也着实让人心疼。

我不知道大家是否也遭遇过类似的情况,我把我的看法分享出来,希望能对大家有点帮助,或者起码引发一些不一样的思考。以下就是她的经历。

二

现在,我刚跳槽到新公司,一切都是新的。但我偶尔还是会留恋以前的公司,并不是前老板和同事有多好,相反,那里充满了嫉妒和斗争,可那儿毕竟是我挥洒过青春的地方,还是有不少值得留恋的。

在这四年多的时间里,我有太多委屈和心酸。不管同事们对我如何冷嘲热讽,我都能一笑带过,从来没跟他们红过脸、斗过嘴。有时候想想,是不是自己的处事态度在无形当中反而助长了他们的嚣张气焰。

自我进公司开始,公司的采购经理就暗示我跟他合作,希望我拿下的订单由他负责找供应商,但我一直没有理会他。

在后来这四年里,他就对我各种刁难和不配合,订单拖上半年才发货,而且还是我找老板一遍遍催出来的。即便如此,我还是一直坚持做这份工作。

老板是个甩手掌柜，偶尔会过问一下业务员的订单情况。公司的发展方向也不明确，总是一变再变，我一直跟着他兜兜转转，说实话真的很累，这也是我这几年心态上疲惫不堪，工作激情逐渐消退的原因。

离职的念头第一次冒出来，是我怀孕六个月的时候。那时我经常做产检，需要请假，同事嫉妒我不用正常上班，却正常拿底薪，就在老板那里打小报告抗议。老板顶不住压力，于是找我谈话，最后决定让我留职停薪，回家休息，公司仅负责给我交社保。这是变相的辞退，我只能哭着回家了。

第二天，我老公带着我去公司正式辞职。这时候老板立马转变态度，表示一切都是误会，只是同事们不好安抚，我没有正常上班，却能拿工资，对大家不公平。

那一次是我在公司那么多年来，第一次提高嗓门大声质问老板："是即使在家也勤勤恳恳处理工作，帮公司维护客户和接单的员工重要，还是每天待在公司不做正事，业绩烂到底，只会讨论是非八卦的员工重要？"

老板被问住了，也没有再提让我回家休息的事情。但为了安抚那些自以为对他们不公平的同事，我的薪水被扣得惨不忍睹。

为了证明自己，产后即使在坐月子期间，我也每天按时起床坐在电脑前工作，保质、保量地完成自己的工作，从没有一丝懈怠，也从来没有任何客户觉得我生孩子耽误了工作。

我产后第九天就跑去工厂陪客户验厂，连续三次跑去公司打包和邮寄样品；产后第二个月就在工厂独立完成装柜和监装；产后第三个月因为肺炎而住院，但依然没有耽误任何工作，哪怕在病床上也在回复客户的邮件。

直到去年，公司的各种明争暗斗终于让生产部有了翻天覆地的变化，生产经理被降职，采购经理调到生产部担任生产经理。因为跟他以前的过节，我的订单交货期就更加保证不了了。

而老板也终于经受不住同事们的各种吹风，开始慢慢地架空我，我的老客户被逐渐分流，变成公司的客户，名义上给我升职，做管理工作，实际上却分走了我手中的核心订单，我成了公司的摆设，一个随时可以被踢走的人。

今年六月，我正式提出辞职。走的那天我哭得稀里哗啦的，我也不知道为什么，或许是觉得付出和奋斗了四年，却什么都没有得到，心有不甘吧。

三

她的经历，相信很多人也曾有过，当付出被无视，努力被敌视的时候，我们会不会怀疑自己的价值观，怀疑自己坚持做的事情，究竟有没有必要？

其实她的处事方法还是有问题的。但是也可以理解，毕竟这是她第一份工作，那时的她涉世不深，很多东西不知道如何应对。

我当初是这么回复她的。

1. 每个公司都会有职场斗争，这是必然的，要理解这种情况，也要以平常心去面对。

2. 采购经理一开始要求合作，为什么要马上拒绝呢？如果没有更好的选择，为什么要因为工作的事情主动去得罪一个人，况且还是自己的上级呢？

我看不出拒绝对方后给你带来的好处，但是我能看到的，是你后续的损失和工作中的一大堆麻烦。或许在你眼里，对方有中饱私囊的嫌疑，但是若没有证据，公然质疑和挑衅同事，这不合适。

所以这一件事情，从我的角度来看是损人不利己，何必，何苦！

3. 当然，如果你自己足够强，有难以替代的优势，掌握着公司的核心利益，你完全可以不理会采购经理，也可以不怕任何同事。因为你有你的独特价值和不可替代性，哪怕有争执，老板也一定会不惜得罪任何人而全力保你，甚至能重组团队来配合你。

但是在你初入职场阶段，基本是不太可能有这样的价值的。在这种情况下，若没有处理好人际关系，就是你个人情商的问题了。

4. 你觉得你的同事很难相处，对你都不友好，可为什么有些人可以混得如鱼得水，可以让大家没那么抵触呢？

不是他们多厉害，而是他们知道如何跟人打交道，如何让别人对自己少一些戒备，少一些嫉妒，这也是一门学问。

5. 所谓"不招人妒是庸才"，别人之所以经常找你麻烦，某种程度上说明了你工作能力不错，让别人感到了威胁，所以才会出招"修理"你。你要看明白问题的本质。

6. 关于老板因为压力给你降薪这件事，一方面说明他的管理能力不够，没法平衡团队；另一方面，在他内心深处，我认为他并不完全认可你的价值和贡献，所以才会牺牲你的利益来换取团队的平衡。

7. 你的做法其实也有问题。老板让你孕期回家休息，只给你交社保，不给薪水，对于这种公然违反《中华人民共和国劳动法》，违反道德的卑劣行为，一定要坚决抵制，不可以少一分工资，这是不能随意妥协的，否则只会让别人觉得你软弱可欺而更加肆无忌惮。

当然，必要时也需要一些谈判技巧。比如，打打情感牌，说自己家庭的经济条件一般，生活压力大，你的收入很重要等，让老板感觉到，如果不给你工资或者克扣工资，就是乘人之危。

只要他还有那么一点良心，往往会在这个问题上妥协。如果老板坚持不给你工资，或者降薪，一定不能忍气吞声，而应该找劳动部门仲裁，或找媒体曝光。有《中华人民共和国劳动法》，有舆论压力，他是不可能肆意妄为的，不管从法律角度还是情感角度，你的诉求完全合理。

8. 在这件事情上不妥协，就是为了向老板和同事表明，你不是任人宰割的鱼肉，必要时，你也会拿起法律武器，亮出獠牙。

尽管在平日的工作中一般用不到劳动仲裁，可你真要较真起来，找有关部门投诉，也一定会被受理，一定会被公正对待的。这么一来，老板也好，同事也好，都会明白你这人不好欺负，他们在工作中就不敢再过于刁难你。

9. 做事要聪明，而不是卖力。每个公司里赚大钱的人，往往都是做事聪明，情商高的人，绝对不是拼命苦干，业绩最好的人。

10. 你在公司其实是一种被孤立的状态，我不知道这是你性格使然，不屑于跟他们打交道，还是其他什么原因。

你要明白一点，职场不是让你交朋友的，哪怕你不喜欢他们，也不妨碍跟他们保持工作往来，甚至参与或组织一些小团体，这对自己反而是一种保护。

老板也惧怕员工之间抱团，因为那样会让公司变得难以管理。结果你也看到了，当其他同事抱团针对你的时候，老板第一时间考虑的就是牺牲你。

可如果一部分同事针对你，而另一部分同事维护你，老板或许就会掂量一下孰轻孰重，以避免对公司造成更大的影响。

四

我曾经反复强调，我们不需要喜欢客户，我们只需要喜欢客户的订单，喜欢他口袋里的钱就行了。

同理，同事就是同事，只需要在工作中分工合作，不需要成为兄弟或者闺密。职场上多说些无关痛痒的恭维话，甚至适当给予一些物质上或者实质性的"好处"，让别人即使不太喜欢你，也不好意思找你麻烦，这才是聪明人。

很多事情，说起来容易，做起来难。这里面的人情世故，以及各种弯弯绕绕，都需要长期的历练、试错，才会逐渐明白和领悟。

有些人理解得快些，有些人醒悟得慢些。

可那又如何，谁不是在跌倒后爬起，在磨难中成长？碰钉子并不是坏事情，前面多经历一些磨难，以后的路反而好走一些。

该经历的事情,没法绕过去。有些弯路必须得走,有些苦也必须要吃。

真实的职场没有轻而易举。

一个强大的自己,是吃了无数次亏,碰了无数次钉子造就的。

与诸君共勉。

打死都别去亲戚公司工作

一

如今要找份工作，真的不是什么难事，按照中国发展的速度来看，用遍地机会来形容也不为过。

可如果要找一个"合适"的工作，困难指数立刻就上升到三颗星；若要找到"合适且满意"的工作，那就直接提升到五颗星了。关键是，什么样的工作才算合适？

有些朋友比较看重公司投入，有没有好的平台资源，工作环境怎么样，硬件设施如何；而有些朋友更看重内在的部分，有没有培训机制，有没有上升空间，能不能最大限度地学到东西，这个职位的发展路径和规划如何。

在外贸领域，还有一些特别重要的问题，包括内部各部门、员工的配合度等问题，也是求职者特别看重的。还有供应商的支持程度，产品质量的把控是否严格，付款方式是否灵活，是否有国内外参展机会，样品和业务经费是否充足，薪酬架构是否科学、合理等，往往也能左右求职者的决定。

许多朋友在职场上摸爬滚打几年后，有了一定的经验和经历，有往更高处发展的想法。这时候，如果有一个机会去舅舅的公司上班，可以做业务经理；或去阿姨的工厂工作，负责外贸业务；或去表哥的女朋友的三大爷的家族企业做个部门经理，这些是不是更好的机会？

有些朋友会认为，去亲戚的公司工作其实挺好的，都是自己人，平时肯定有商有量，有什么问题都可以摊开来说。各个部门之间的配合也许更加紧密，打个招呼就行，不需要太多勾心斗角。再说了，在外面工作，或许会被老板坑，答应的提成、奖金不兑现，但是自己人基本不存在这个问题，到年底如果不给奖金，这亲戚还做不做了？一家人做生意，肯定是肥水不流外人田，公司挣钱了，亲戚总不会亏待自己，否则爸妈也不答应啊。

算来算去，都是好处，貌似风险完全可控。很多朋友自然选择了这条比较"稳妥"且"保险"的道路。如果成了，那成就不可限量，搭顺风车赚大钱，实现人生价值；如果不成，至少也能比大多数员工强，毕竟我是老板亲戚啊，老板总会照顾我。

可结果真的是这样吗？

大多数情况下，其实没有这样的好事。

二

我有个学员，毕业后在上海打拼六年，已经在一家知名外企做到了销售经理的位置，年薪三十多万元，算是相当出色，年轻有为。可到了这个阶段，她也碰到了职场"瓶颈"。她所在的企业是家美资企业，高层都是美国总部派来的空降兵，中层往往是港台人士或者美籍华人，对于像她这样的本地员工，哪怕再拼、再努力，也会有诸多限制，她觉得自己的上升渠道已经见顶了。

她的年龄也比较尴尬，三十岁的她还是单身，家里也开始担心她的个人问题，一次次给她安排相亲，三姑六婆八大姨都来上海劝说：回老家工作吧，离家近，一个女孩子这么拼干什么，你都三十了，以后会越来越难找对象，你一个人在上海，也孤零零的。

她静下心来想想，有时也真觉得有些凄凉。大学时的男友，因为两人工作后分属异地而与她分手了。那时候她一心想出人头地，证明女人也能靠自己活得精彩而灿烂，可是这么多年过去，虽说在职场上小有所成，但是未来却越来越迷茫，每天上班是工作，回家也是工作，对着四面墙，连个说话的人都没有。难道生活就这样日复一日重复下去？

后来在她妈妈一次次的劝说下，她终于决定离开上海，回长沙老家，去舅舅的外贸工厂工作，担任业务经理，待遇是月薪8000元，外加利润20%的提成。

她以为事业上能以此上一个新台阶，因为收入上舅舅肯定不会亏待她，同时她把外企那一套经验和工作方法用在工作上必然得心应手。她打算好好打造一支优秀团队，对同行进行彻底的降维攻击。

可入职以后才发现根本不是这么回事。她去亲戚公司做的是业务经理，可同样的业务经理职位，还有三四个，都是不同的"皇亲国戚"。财务主管是舅妈；生产经理名义上是舅舅，可管理事务的实际上是舅妈的弟弟；采购经理是舅妈的大哥。可想而知，工作有多么难以开展。

她要给一个潜在客户准备样品，去舅妈那边请款时，要一再解释为什么要公司承担样品费而客户不承担；要采购经理寻找一款配件，结果那位亲戚一直在办公室打游戏，推托说这两天会尽快弄，凭这水平和效率，黄花菜都凉了。

有一个促销单，交货期很紧，客户要求35天必须交货，否则会耽误德国这边的促销季，她找舅舅排订单，可舅舅却在打麻将，让她直接对接生产部，安排工人和流水线。

她打算改组业务团队，这又牵扯到很多人的利益，许多在工厂混日子的亲戚自然是不干的，于是每次会议都在争吵中散会。舅舅作为老板，自己这边的亲戚要安抚，而舅妈又特别保护娘家人，所以每次碰到各种问题，他们的态度往往是和稀泥，没有任何处理方案，最后只能不了了之。

她手下带的业务员一个个或离职，或跳槽，觉得这是一言堂的家族企业，毫无发展机会。她用心培养出来的助理不到半年也离开了。她觉得很无奈，本想辞职，结果妈妈又来唠叨，说她舅舅给她开8000元的工资，是欣赏她的工作能力，其他亲戚只有5000元呢！又说现在工作不好找，当地高薪的机会很少，甚至告诫她说不能忘本，她读书的时候，学费还是舅舅慷慨解囊的。

说到最后，变成她若要离职就是不孝，就是对不住亲戚。这种道德绑架让她更加无力，也开始后悔当初的草率决定，工作就绝对不能和亲戚的公司扯上任何关系，否则就变成狗皮膏药，甩都甩不掉。

亲戚可不管你到底做了多少贡献，帮公司赚了多少钱，他只会认为是他赏你口饭吃，给你那么高的薪水和奖金，你非但不念好，还想拍屁股走人，怎么，翅膀硬了？

结果只能是不欢而散。

三

前阵子一位从英国回来的朋友也碰到类似的问题，来请教我的意见。

他在英国拿到硕士学位，回国后做了三年的外贸业务，一年在大工厂做500强企业的零售订单，一年是陶瓷类产品的外贸销售，一年是锂电池隔膜的国内销售。

他的优点是非常熟悉产品，学习能力强，外贸思维好，说一口流利的英文，可以很熟练地给客户介绍生产流程和产品细节。而缺点是因为一开始没有找好定位，换了几次工作，所以行业基础还不够扎实。

他现在面临两份工作的选择，一份是去一家锂电池上市公司做外贸业务，负责海外市场开发；另一份是去一家建材类贸易公司做外贸业务，也是负责海外市场。

这里要特别说明的是，这家建材类贸易公司的老板是他的一个远房亲戚，条件不错，不少亲戚都想托关系进这家公司工作，公司发展机会好，自己也能沾沾光。

他之前在外漂泊了很多年，年纪也不小了，希望能稳定下来，不想再浪费时间去试错，所以想听听我的意见。当然，他的母亲和其他家人都非常希望他去亲戚的公司工作。他关心的是，在中国制造业更新迭代迅速、传统的低端制造业不断衰减、民众环保意识日趋增强的大趋势下，这两份工作哪一份更有前途，对他将来的帮助会更大，或者说，除了这两个行业，哪个行业会是将来的发展趋势？

四

当时我的回复是这样的。

首先，你在国外留学两年，回国工作三年，英文功底相当扎实，而且了解实际的谈判和沟通技巧，能够把英文灵活运用起来，这跟大部分英文好的学院派是完全不同的，这是你的优点所在。

既然是优点，就要设法利用起来，并推高自己的优势。在工作中，除给客户发邮件外，还要特别注重电话跟进和开发，这是大部分业务员做不到的，对你而言则是驾轻就熟。

其次，千万不要去亲戚的公司工作，别听你母亲或者其他亲戚的劝告，这是一个大坑。

很多老板找自己的亲戚来公司上班，并不是因为亲戚们能力有多好，而是家里面三姑六婆八大姨的请托。中国是人情社会，抹不开面子，就只能答应。

在这些老板看来，他的亲戚们并不是过来帮他赚钱，和他一起成就事业的，而是他花钱养的"废柴"，这些人只是顺便帮他做点事情罢了。

所以，哪怕你在他公司做得不错，又能怎样呢？

首先，不论你在公司拿多少薪水，因为跟老板有这层亲戚关系，你都很容易心里不平衡，认为自己应该得到更多。

其次，从老板的角度来看，无论你做了多少工作，都很难得到老板的认可。他会认为你的机会是他给的，你当然应该对他心存感激，多干点活。

再次，公司里不只是你和老板两个角色，还要考虑其他同事会怎么看、怎么想。你做得好，别人也不会认为你能力强，而会认为是因为你和老板有裙带关系。可要是你做得不好，那阴阳怪气的声音就更多了。别人会议论说，难怪要走后门，肯定是能力太差，在外面混不下去了才来这里混日子的。

不管你做得好还是不好，都是错，关系户这个标签，你永远都撕不掉。

最后，老板有钱是老板自己的事情，会不会让亲戚一起发财，这是另外一个问题，我们不能想当然。千万不要认为，跟着有钱人，自己也会变得有钱，没那么简单。

我建议你去上市公司，好好学习，把各方面能力和基础都夯实。等你经验和能力都到了一定阶段，自己足够强的时候，自然就会有更多的选择，可以选择自己喜欢的工作，喜欢的城市，那就是另外一番光景了。

五

当然，这都是我个人的一些看法，也是这么多年职场的感悟。虽然我没有在亲戚公司工作过，但是见过、听过太多这样的事例，对这个选择还是相当抵触的。

事实也证明了，好多选择了这条路的朋友，最终都是后悔莫及。

不过，这也不能绝对化，毕竟每个人的追求不同，选择自然也不一样。有人希望闯出一番事业，用能力证明自己，也有人希望事少离家近，这本来就没有绝对的对与错，只有适合与不适合。

若是有朋友继续问我，要不要去亲戚的公司工作，要不要去亲戚介绍的公司上班，我的答案还是跟当年一样：

打死都别去！

第三章

情绪管理
EMOTION ADMINISTRATION

职场生存之道

你对工作有多**尊重**，你未来就能走多**远**

职
场
的
生
存
哲
学

今天想从个人情商，到人际关系，再到办公室政治谈谈关于职场生存哲学的话题。之所以突然想谈这个话题，是因为一个学员的亲身经历，我把她的故事整理下来，供大家参考。

我们董事长在今年七月份，将他的女儿派到我们外贸部门做事，表面上说要让她从基层做起，从一个普通的业务员做起，但是明眼人都知道，老板是让自己的女儿来掌握公司具体的销售情况，包括与现有客户的合作情况以及潜在客户的谈判进程。

在这个问题上，我倒觉得无可厚非，毕竟老板刚开始做外贸没多久，对自己公司外贸部门的情况也未必完全摸得清，把自己女儿安排进来掌握整个外贸部门的情况，这是很正常的事情。

接着问题来了，我们原来分管外贸部门的副总，瞬间就处于一种暴躁的状态，跟我们所有业务员说，董事长派人来监视他，也监视大家，这样就没法好好工作了。表面上他是在抱怨没法好好工作，其实我知道，他是担心自己不方便贪污公款了。以前他每次出国，都会贪几千元的公款，现在董事长吩咐，他女儿也要随同一块儿去国外参展。

后来，这位副总就准备提交辞职报告走人了。我是他招进公司的，并且一进公司他就分给我两个客户去维护，对我还算比较照顾，所以，这时候他就问我愿不愿意跟他一起走。

从我个人的角度看，我发现自己跟他在外贸工作上的理念还是有很大差别的，我也不想和他继续共事，更何况，我手中有几个老客户，也有几个潜力不错的大客户在谈，董事长又给了我很好的平台和资源，所以我就回复他，我不走了，我想继续留在这里工作。

他当时也没说什么，就继续准备离职事项。可董事长在他的辞职报告上签字批准后，他又突然改主意，赖在公司不走了。董事长也不置可否，觉得他要是想留下，那就留下吧。

从那以后，副总就开始处处针对我。第一步，出国参展不安排我去；第二步，在我提交的客户报价审核环节上，故意拖延，处处卡我；第三步，他要收回过去交给我维护的客户，包括一个大客户在内。

我私底下找董事长反映过这个情况，董事长的意思是，第一，交给你维护的客户，我不同意收回，你需要维护好，服务要跟上。可如果客户几个月都没有下单，那就是你的业务能力问题，那就要换人。第二，有什么事情，你还是直接向副总汇报，如果他不理你，你再来找我。

今天早上，我有个客户要来工厂拜访，我做好客户考察报告后递交副总签字确认，他接过去就扔到一边，表示他会处理这件事，不需要我做，让我以后在公司自己发挥就好，但过去的客户要全部交还给他。我不同意，就跟他大吵了一架，又去找了董事长。董事长的意思还是很明确，让我来接待客户，不需要把客户交给副总。

最近这段时间，我一直被这些事情影响工作情绪，心态变得很糟糕，工作效率也受到了很大的影响。请问冰哥，这种情况我该如何处理？

我相信很多朋友都有类似的经历，有些人在碰得头破血流后，最终悟出了一些道理；但有些人一次次跌倒，却还不知道自己的问题出在哪里，只会抱怨这一路上坑太多。

这位学员的问题出在哪里，造成她如今被动处境的症结是什么？答案是：情商！因为情商不高，不懂得处理人际关系，也不知道如何应对办公室政治，才会让这些问题严重影响到她自己。

我当时是这样给她分析的。

1. 公司里最忌讳的几个重要问题之一，就是所谓的越级。

电视剧《欢乐颂》里的邱莹莹向上级举报白主管，理论上她做的没错，白主管不得不黯然离开。但是她自己呢？她也成了必然要出局的牺牲品。

原因就是她破坏了职场规则。这种动不动就找高层举报上司的员工,哪个主管敢用?大家必然是对她敬而远之的,否则谁知道哪天麻烦会找到自己头上?

2. 你没有让副总感到你靠谱,没有让他信任你。

你的客户是他给你的,说明以前他对你还是有一定的信任,起码给你机会接触客户,给你机会学东西,这总比你自己从零开始慢慢摸索强很多。

他也可以一开始让你做些斟茶递水、复印资料之类的活,所有往来邮件都让你回复,但必须以他的名义修改好,再发给客户,这么做也无可厚非。

如果副总跟董事长说,你是新人,需要一段时间学习和成长,你所有的客户暂时还是由他来联系,但是由你完成实际工作,董事长想必也不会拒绝。

可惜的是,他给了你机会并栽培你,但是在他需要你支持的时候,你却没有跟他统一阵线,这让他很受伤。

3. 你认为他交辞职报告,就是真的辞职吗?职场上,很多时候这只是一种策略,以退为进,是跟公司老板谈筹码的一种手段。只要他一天没走,就不能认为他会离开。不要看过程,要看结果。

你看到董事长签字了,或许这只是老板为维护自己的面子,给自己找台阶下而做的样子,他们私底下会不会沟通也未可知。老板真要让他走,他可以赖着不走的吗?所以这件事情,很明显就是他们俩私底下谈妥了,董事长要维持脸面,而副总也说不定得到了不少承诺,比如给他加薪水或奖金等。得到了实际利益,他自然也不会说破。

4. 你觉得你跟上司的理念分歧越来越大，不想再跟他共事，但是除非你翅膀够硬，可以让老板完全支持你，随时让他出局，否则就不要轻举妄动。

在公司里，你想一展所长，有两条路可以走。第一条，你超级厉害，能给公司创造最大的利益，让大老板不得不重视你的感受，你想让谁出局，老板就会考虑你的提议。

比如明朝中期的戚继光，当时的首辅是赫赫有名的张居正，张居正就对戚继光毫无保留地支持，下属不听话就开除，同僚不配合就外调，上司不支持就换上司，你觉得这段佳话背后的原因是什么？是戚继光足够厉害，他训练了明朝当时最强的军队，对朝廷也足够忠心，而且从来都是打胜仗，所以首辅才会全力支持他，把他放在蓟州总兵这个重要位置上。

第二条，就是你全力支持和配合上司，为他做事，帮他赚钱，任何脏活、苦活、累活你都干，但是成绩和荣耀都给他，他也会记得你的功劳和苦劳，在自己往上走的时候拉你一把，自己赚大钱的时候分你一些。

可惜的是，你两条路都没有走，那你如何能成功呢？

5. 你提到了上司贪污公款的事情，比如出国的时候贪几千元，其实这属于一种不成文的潜规则，就是在报销的时候注水。

从你的字里行间，我能感觉到你对他的不屑。我希望你在工作中足够聪明，不要把这种不屑表露于脸上。连我都能感受到你的态度，你上司就更能感受到。再说，公司的财务人员也好，老板也好，对于这种事情,大家都心知肚明,别人不说不代表不知道。

大家深谙一个道理,就是水至清则无鱼。只要不是太过分,在这种问题上大部分公司都会采取睁一只眼闭一只眼的态度,如果任何问题都要深究到底,那很多事情就没法做了。相比员工给公司产生的利益来说,报销的时候多报一点,只要问题不是太大,很多老板都不会去过于追究。

6. 职场上有一条重要的规矩,就是不要和上司对着干。很多时候别人能做你上司,就是因为他比你强,在上司比你强的情况下,一旦出现问题,需要老板选边站的时候,老板会牺牲你还是会牺牲他?如果你可以达到与他分庭抗礼的地步,哪怕只是稍弱于他,老板或许都会支持你一下,对他进行敲打,以便后期继续平衡管理。

但是如果你的业绩并没有比上司好,那你一定是炮灰。在你还没有足够强大时,就得低调,就得夹着尾巴做人。你老板都说了,让你平时工作要跟你上司汇报,他不解决,你再去越级汇报,这是不是已经说明问题了?

7. 董事长让你继续负责老客户,无须交出来,你认为这是董事长足够支持你,你又错了。董事长不会告诉你他私底下跟副总达成了什么协议,也不可能让你知道。他这样说,是给你吃一颗定心丸,让你安心工作而已。

如果你认为这样就是老板支持你,那未免太天真了些。如果你上司给你穿小鞋,你又没有任何办法,只会去老板那里告状,我可以很负责地告诉你,你在老板眼里,也就是一个会哭几下的小孩子而已,毫无价值。

说了那么多,下面我要谈谈如果我处于这个学员的立场,我会如何去应对和化解这个看似没有解决方案的大难题。

假设我是她,某天副总突然跟我说:"毅冰,老板太过分了,把他女儿空降过来,这摆明了对咱们不信任,这样监视我们,我们真的没法工作了,我要是辞职的话,你跟不跟我走?"

我一定会"义愤填膺"地表示支持:"当然了!我一定是跟您一条战线的!我能有今天,不就是您一直以来给我的支持吗,要不是您给我客户,我哪有机会成长,哪有机会锻炼,说不定今天还是个小助理呢。您要是离开,我绝对跟您一起走!"

而且,我不只是说说而已,只要他递交辞职报告,我就一定一起交。这是做给副总看的,让他感觉到我对他是毫无保留地支持,我们是统一战线的。这样一来,他必然会感动,如果他接下来有更好的机会,就一定会私下跟我讲。

这样,我通过一个切入点,将我们的关系成功地从"公事公办"的上下级关系,演化成"铁杆"和"哥们"。

很多朋友可能会问,如果他真的走了,我这个辞职报告一交,下一步该怎么办呢?是不是就没退路了?

当然不是。尽管我已经下定决心不跟副总一起走,这份辞职报告我还是得交。不管他的辞职是不是故作姿态,我这个姿态必须做好,要对他"表忠心"。

但是表忠心的同时,我就要私底下跟老板接触一下了。我会向老板表示:"主管要离开,交辞职报告的时候要我一起交,所以您懂的,我总不能公开得罪他。但是您放心，我绝对是想留在公司好好工作的，不管他走还是不走，我都不会走。只是如今我还有很多工作需要他帮忙，没法得罪他，您谅解一下。"

这就给自己留了条后路，也就是说，设想到的两种结果，都影响不到我。

结果一，主管真的走了，因为我事先跟老板沟通过，所以我可以安心工作，说不定有更多机会。

结果二，主管最后没走，但是因为我已经让主管明白了我的态度，以后的工作他会更加支持我。所以不管怎么算，这盘棋就算不赢，我也能保证起码不输。

或许有朋友还是有疑问，如果老板跟主管说我私底下找过他，说自己不想走，那怎么办？我觉得，一方面，老板不会轻易把我出卖了，因为他需要制衡各部门主管，主管的下属有小算盘，只要不是太过分，往往都是老板乐意看到的。

另一方面，哪怕老板跟他说了，你觉得他会信吗？

这就是情商的问题了，跟智商没有太大关系。处理问题的时候，务必要三思而后行，不要轻易得罪别人，也不要把自己逼到墙角。

职场上的高情商，在于谨小慎微，不要凭一己好恶去对人、对事，要理解和接受现实中的不公平，做事、对人，要永远留有三分余地。

你的价值,真有被低估吗

我相信大家在工作的同时,偶尔也会衡量和对比自己与同事的收入。若让你对于自己的收入情况做一个简单的评价,你的答案会是什么?是"超级满意""一般满意""一般不满"还是"超级不满"?我问过许多朋友,答案通常是后面三个:一般满意、一般不满和超级不满。这三个答案中,大多数集中在前两个。

大家没有选第一个"超级满意",说明大多数人对于自己的未来都有很好的预期,相信明天比今天更好,相信自己的努力能得到更大的回报。这是好事情,说明大家都在追求进步,都在为了理想而奋斗。

当然了,同样也很少有人会选择第四个选项"超级不满",因为如果对于收入超级不满,他估计早已忍无可忍,另谋高就,也等不到你去问他了。

所以大多数朋友对于现在的收入,基本上都处于"一般满意"到"一般不满"这个区间,或上下浮动一些。

出现这样的情况,缘于跟别人比较后产生的心理情绪和心理落差。比如同样是业务员,我有三年经验,他才两年经验,为什么我底薪只有6000元,他底薪居然高达9000元?或者同样是五年的采购经验,凭什么他就可以做经理,而我只是采购代表?

真正的不满,大多数还是来源于横向比较。看到同龄人比自己过得更好,收入更高,多少会有一种不平衡的心理状态,觉得自己的能力被低估了,或者没有碰到好的机会。特别是当你发现收入比你高的那个人在很多地方还不如你的时候,这种情绪会更加强烈。

我的一个邻居从小就是学霸,上大学是保送的,一路上的都是名校,在英国拿了两个硕士学位。回国后,他在上海的外企干了多年,从管培生干到采购经理,如今也算是公司中层,年薪超过60万元,已经是公司的亚太区总部里这个职位的封顶收入。在外人看来,他年轻有为,学历好,职业背景好,资历也好,前途不可限量。

可是前阵子他约我喝咖啡,突然跟我说,他不想干了,要辞职。我大吃一惊,问他为何有这样的想法,是做得不开心,还是猎头有更好的职位推荐?

他说,都不是。本来他对收入还算满意,并没有任何换工作的想法,也好长时间没联系过猎头或者其他公司。可他偶然发现,一个大学时候他完全看不上的同学也进了外企,一开始是临时工,但因为他比较善于钻营,如今不仅签下了正式合同,还升到了区域采购经理的位置,成了他的直属上司。

他觉得没法忍了,每次看到这个上司,都打心眼里瞧不上他,觉得没法跟这样的人共事。他何德何能,可以爬到自己头上,拿80万元年薪?自己辛辛苦苦拼了那么多年,从学历到能力,哪一点都比他强,凭什么收入要比他少20万元?

等他抱怨完后,我跟他说:"我们姑且不论你上司的问题,我就问你,你对你的收入满意吗?你觉得你的付出,是否对得起这份收入,你的薪水是给多了还是给少了?"

他充满自信地说:"当然给少了,按照我的能力和贡献,起码百万年薪还差不多。"

我说:"我们换位思考一下。假设你现在自己创业,你会不会花100万年薪,来请一个跟你学历、能力、资历一样的人?说白了,你会不会花百万年薪雇用你自己?"

他开始沉默。

我继续说:"你看,这个时候你并不自信。不管嘴上怎么说,你内心深处还是觉得,公司是对得住你的,给你的薪水并不低。哪怕猎头给你争取了更好的工作,年薪多个百分之二三十,那又如何呢?我们在外企工作的都知道,除非跨阶升职,否则为了一点薪水的涨幅而贸然跳槽并没有意义,因为要重新稳定团队和处理工作,不是那么容易的。空降兵没那么好做,倘若没有很好地融入新团队,被抱团抵制,最后灰溜溜离开，反而让自己职业生涯出现污点。"

见他没有反对，我继续给他分析："你的问题，真正的症结在于嫉妒心。你打心眼里瞧不上的人居然爬到你头上，你的自尊心受到伤害了，所以觉得公司低估了你的价值。一旦有了这样的心态，你就会做什么都不顺，看什么都不顺眼。别人能当你的上司，一定有他的特点和优势，不要觉得别人学历没你高，资历没你好，就全盘否认他的所有能力。每个人都有自己的优势和特点，公司既然选择了他做你的上司，一定有公司的考量。即使你现在跳槽又能怎样，你是怕了他，才会辞职离开，以后你见到他，永远都会在心理上矮他一头。"

他终于明白，因为嫉妒心使然，而选择逃避离开，才是对自己的不负责任。每个人都有自己的优缺点，也有不同的际遇，现实中也的确有很多收入和能力不匹配的情况，但是相信市场会决定一切，通过时间的沉淀，收入和能力一定会出现一种均衡状态。收入高，如果能力够不上，也迟早会被淘汰；收入低，但是能力特别强，也迟早会被提拔。

我不知道他未来会如何，是真的能打败他上司，还是另辟蹊径走出一条自己的路，没人知道。只是我希望告诫他，价值，不是横向比较得来的，而是换位比较推算得来的。

假设你自己是公司老板，你愿不愿意雇用如今的自己？用这个问题就可以衡量你的价值是否被低估。

真相总是残酷的，但残酷总比做梦好。

上司老是挤对我，我该怎么办

一

在公司里，最让员工头疼的，并非同事间的嫉妒和排挤。不招人妒是庸才，因为你的能力强到让别人感到了威胁，所以别人才找你麻烦。这种情况还是比较好解决的，你可以用能力说话，可以通过业绩和实力来证明自己。毕竟决定你职位和薪酬的，是你的上司或老板，而不是同事。

最麻烦的是上司的有意挤对，故意给你穿小鞋。如果你的顶头上司不喜欢你，甚至讨厌你，这的确是一件很为难的事情。对于外贸行业的业务员，假设你的上司不让你参加国内外展会，不给你B2B的询盘机会，不给你老客户资源，不接受你的免费样品申请，不同意你客户的即期百分之百付款，而这些权利，你同事都能享受到，这就说明，你上司是摆明了挤对你，不给你任何机会，就是想让你走人，这种情况下，你怎么办？冲上去大吵一架，还是把辞职报告扔他脸上？

这都是不理智、不成熟的做法。

二

有人的地方就有利益，有利益的地方就有纠纷，在职场上每一步都要如履薄冰，职场生活没有大家想得那么容易，也没有一团和气的可能性。

当上司挤对你的时候，你首先要把问题梳理清楚，看清本质，要时刻谨记，控制情绪和心态，不争一时之气。我这里简单总结了三个"不"，供大家参考。

第一个不：不要去越级。

俗话说得好，官大一级压死人。你的工作要汇报给你的直属上司，同时也受他管制和安排。这种情况下，如果他挤对你，你若选择针锋相对，做炮灰的那个人多半会是你。

当你还没有能力让更高一层的上级支持你的时候，千万不要轻举妄动，不要被怒气冲昏头脑。哪怕你找大老板说清原委，大老板又恰巧支持你，训斥了你的上司，那又如何？结果只是进一步激化了你和你上司的矛盾。如果他接下来以更隐蔽的方式整你，那情况就真的越弄越糟。

可能你会说，你向老板提出调组，换上司、换部门，跟老上司没交集，他没法再整你了，惹不起，难道还躲不起吗！

我只能说你还是涉世太浅。在职场上，越级告状的员工往往会被大家公认为"刺儿头"，哪怕你换部门，你觉得新上司就会放心你吗？你有过那样的"案底"，谁还敢用心栽培你，谁不怕哪天惹你不高兴了，你再来一出越级告状？

在任何公司，越级都是大忌讳，不到万不得已，千万不要尝试。

第二个不：不要混日子。

有些朋友发现上司不喜欢自己，自己处处受挤对，事事被掣肘，难以施展抱负，于是就自暴自弃，平时工作随便敷衍一下，在公司混日子。

这样做，又是大错特错。工作不是为你上司做的，而是为你自己做的。表面上看，混日子不用付出太多就可以拿到薪水，可实际上损失的是你自己可以提高的技能，浪费的是你自己的时间，失去的是你自己的未来。

几年后，别人升职的升职，加薪的加薪，跳槽的跳槽，创业的创业，而你还在继续混日子，要本事没本事，除了增长了年龄和肥肉，已经是半残废状态，还如何跳槽，如何在职场上跟其他对手竞争和拼杀？

所以，混日子伤不到公司，公司最多一个月损失几千块、万把块，养个废人而已。但是你自己失去的，是你现在的能力和未来的价值。

第三个不：不要辞职。

反正上司挤对自己，自己很难有出头之日，那果断辞职，另找机会，不是更好吗？不再浪费自己的时间纠缠于这些烦心的人和事，自己的心态也会更好吧。

这依然是错的，辞职是职业生涯的转变，应该有长远的规划，而不能为了一点小事就辞职。今天上司挤对你，你辞职；明天老板不加薪水，你辞职；后天觉得工作没前途，你辞职；大后天认为同事难以相处，你辞职……

那还有完没完了？你把自己的职业生涯当儿戏，一言不合就辞职，可以解决问题吗？辞职本身不应该是结果，而是另一个开始，是你做好充分准备的一个新开端。

辞职可以，但是因为上司挤对你而选择辞职，会成为你心里一个永远的阴影。而且这次你因为上司的挤对而选择辞职，如果你找到了更好的工作，不巧又碰到了一个看不惯你的上司，你怎么办，再辞职？

碰到问题，逃避是没有用的，而是要去解决问题。

三

面对上级的挤对，走也不是，留也不是，混也不是，又没法好好做，到底应该怎么办呢？

整体而言，我觉得有三个方法，值得大家思考。

第一，用能力来回击。

我刚入行的时候，也受到同事的排挤和上司的挤对，他们觉得我性格太柔和，根本不适合做外贸，他们认为好的销售应该充满攻击性和侵略性，要有狼一般的狠劲。

那时候我根本没有资格去反驳别人,所以只能一个人默默努力,观察别人的工作方式,自己琢磨和推敲。没有参展机会、没有平台资源,我就自己研究开发信、学习产品、了解行业,练习开发技巧,结果三个月内,我就拿下了第一个客户,也是当年公司最大的客户。

此时,我的上司还能随意插手我的工作吗?同事们还能排挤我吗?我刚入行,在没有任何资源和培训的前提下,就拿到了公司的销售冠军,自然让老板另眼相看。老板随即提拔我做业务经理,单独带领团队。这就是典型的能力决定一切,用能力来回击所有的质疑和挤对是最好的办法。

但是能力的培养和提高需要时间,而且大多数人也不具备核心能力,并没有很强的不可替代性。在上司的能力远强于自己,价值远高于自己的时候,又该如何回击呢?

我的建议是,先静下心来好好把基本功打好,用柔性手腕尽可能拖延和化解问题,在有限的资源条件下全力以赴,把手上的工作做到极致。

没有人教,自己学。没有客户,自己找。没有好资源,就把有限的资源利用到最佳。我不信,人还会被别人的挤对和打压逼死。路是自己走出来的,多用心,多用脑子,总能找到机会,把工作做好。

别人有机会去展会,别人有客户来询盘,不见得就一定能谈下客户。虽然你的资源少,但是你可以通过提升谈判技巧、沟通方式、专业素养、服务意识等,赢得客户的信任。

没什么大不了的,要有拼搏的勇气和为之付出的时间、心血和努力。当你能力强了,在没有资源的情况下都能开发新客户,自然会得到别人的刮目相看。事情是人做的,生意是人谈的,有朝一日,公司发现,你上司掌握了所有的网络平台和展会资源,一个季度也只开发了六个新客户,而你什么资源都没有,居然能开发三个客户,一定会为你的能力而赞叹,从而给你更多机会和资源。

第二,该认怂就认怂。

能力的提升是需要长期学习和历练的,不是一蹴而就的。在这个过程中,应该如何应对上司的打压和挤对呢?

我的答案是,该认怂就认怂,人在屋檐下,怎能不低头。

上司的能力和价值远超于你,对公司的贡献也远大于你,这时候硬碰硬并不明智,你手中没有任何好牌可打,必输的斗争伤不到别人,只能让自己受伤,一定要三思而后行。

该认怂就认怂,不是让你什么都不做,而是以退为进,给自己争取时间。这个时候,不要和你的上司针锋相对,不要有一肚子怨气,而是韬光养晦,最好让上司没空理会你这个"小虾米"。

不管他如何讽刺或者嘲弄,你装作根本就听不懂;不管他说什么你都笑眯眯地回答:"您说的是,的确是我考虑不周,不好意思,请领导务必多多指点。"

永远都是类似的回应,让他出手打在棉花上。几次后,他自己就会觉得无趣,就不会再去挤对你,而是选择无视,这样你就争取到了宝贵的时间去把工作做好,充分地进行自我增值。

北宋初年,赵匡胤欲一统江南,灭南唐。当时南唐国主李煜派了江左第一辩士徐铉出使汴梁,想说服北宋皇帝打消主意,同意和谈。徐铉此人,才华横溢,名动江南,十岁就能写文章,又对南唐朝廷忠心耿耿,是李煜的翰林学士兼吏部尚书。

北宋大臣们得知来者是徐铉,都倒吸一口凉气,因为赵匡胤曾经亲自跟徐铉进行当场辩论,输得一塌糊涂,皇帝颜面无存。现在得知徐铉又要来,朝廷上下无人敢去跟他辩论。大家都没信心能辩赢徐铉,若到时又输一场,国体颜面何存?那时如果再发兵攻南唐,反而给人落下恼羞成怒的把柄。

赵匡胤见满朝上下无人敢去迎接徐铉,于是任命一个扫地的文盲去接待徐铉。结果,在徐铉口若悬河、引经据典、让旁人自愧不如之时,唯有这个文盲,什么都听不懂,只管点头。

连续几天都是这个样子,到最后徐铉也没了脾气,什么都说不出来了,向北宋朝廷递交了国书后就返回了。

这一场交锋,赵匡胤采用的就是以拙胜巧的策略,反正你说什么都是对的,我听不懂,我也不反驳,我配合你就是了。

如果你上司有像徐铉一般的实力,你不论怎么做都没法跟他争锋,那就不如认怂,把自己当成扫地的文盲,让他懒得理你。

第三,物色更好的机会。

除第一条的努力和第二条的认怂之外,你还要积极地物色更好的机会,"骑驴找马"。但是这个过程要秘密进行,而且前提是你做好了充分的准备,扎扎实实地提高了自己,可以去适应其他更好的工作。

你没有去过展会,没有见过客户,没关系,你邮件沟通的水平是否相当优秀?

你写邮件的能力一般，锻炼机会也少，没什么客户回复你，没事儿，你对社交软件的使用是不是到了一个很高的段位？你是否可以通过社交软件与你需要联系的人轻松对接？

你没用过海关数据，没法了解客户的进口情况，没问题，你能否用好搜索引擎找到各种资料和信息，且能自己进行统筹分析？从数据到内容到趋势，只要你够用心，别人得到的现成的数据，不见得比你的资料和总结更深刻。

把你手里的工作做到最好，把时间利用到最佳，像海绵一样不断吸收各种知识，细心观察、学习同事或同行的优点和技能，再加上你的钻研和揣摩，后来居上就只是时间问题。

我当年也是没有任何资源和平台、没有任何支持，去展会轮不到我，阿里国际站连个子账号都不给我。其实现在想想，并不是上司故意挤对我，而是我还没到那个层次，人家根本就是无视我，我就只是个透明的存在。

但是我自己通过钻研，从客户的邮件中摸索，在客户的询价中找对方的关注点，去网上找资料和素材学习，不到三个月时间，硬是通过Google搜索结合写开发信的方式，在西班牙进口商那里拿到了可口可乐折叠铝桌的促销订单，仅第一个试单的营业额就接近60万美元。我到现在还记得当时的上司惊得下巴都快掉下来的样子。

我凭借这些战绩，得到了业务经理的职位，组建了自己的团队，简历上自然也添加了不少亮点，能力也得到了全方位地提高，争取到了公司更多的资源，后来也争取到了另一家贸易公司的工作机会。

所以，物色更好的机会，是你在不如意的时候需要准备的备选方案。可是备选方案不是想找就找的，不能纯粹靠运气，不能等着别人给你机会，而要先做好充分准备，进行自我增值，让自己先变得有价值。

但这并不是说，你一旦有离开的打算，就只顾寻找新的机会，而是在寻找机会的过程中也时刻不能停止学习和工作。将你现在的能力、业绩、价值加以量化，用数字说话，使之成为你简历中的亮点。

最可怕的，就是在你工作一段时间后，你的求职简历仍跟刚毕业时没有什么不同。

跟别人打交道，不要过于敏感

我发现，有些朋友心思过于细腻、敏感，总喜欢在工作和生活中揣测别人对自己的看法。

比如说，看到老板进来时板着脸，就在想是不是昨晚有个客户的邮件我没及时回，他不高兴了？

比如说，在电梯里跟同事打招呼，他居然假装没听见，难道是什么事情我得罪他了，所以他对我有意见？

比如说，客户明明说展会结束后尽快联系我，可都快两个礼拜了，怎么一点消息都没有，难道他是在忽悠我？

比如说，下属昨天好像一声不吭就下班了，都没跟我打招呼，是她有辞职的打算，还是我说了什么重话伤到她了？

每一件小事，都可以人为地设想无数种可能性，揣摩各种蛛丝马迹。说得好听点，是小心谨慎，会察言观色；说得难听点，就是吃饱了撑的，所以才会胡思乱想。

老板板着脸，或许只是早上跟老婆吵了几句嘴，心情不太好，跟你有没有及时回客户邮件根本没有任何关系。

同事没理你，或许是他真的没听见，拿着手机在跟供应商紧急沟通出货的事情，又或者进出电梯人太多，根本没注意到你。

客户没回复，或许是展会结束回去后还有一大堆积压的工作，各种事情千头万绪，要逐步解决，暂时没工夫回复你。

下属没打招呼，或许是她孩子生病了，她特别担心，一到下班时间就赶忙回去，根本没心思跟你打招呼。

所以一切猜度，往往都是自己过于谨慎，揣摩别人的心思，根据一些蛛丝马迹或只言片语，脑补出各种情景，然后编一个故事出来。我常常开玩笑说，既然有那么好的创造力，应该去做编剧，或去写小说，别做外贸了，你累，别人更累。

前几个月，我收到一个朋友的私信，说他跟一个客户谈得很不错，已经谈了差不多六个月了，改进了很多次样品，最终客户已经确认要付定金了，却突然没音信了。她连续三天发了跟进邮件，但都没有回复；打了两次电话，也没人接。她怀疑是不是有其他竞争对手低价抢单，如果是这样，自己要不要降点价格？

我告诉她，千万不要。你都已经谈了六个月，照理说你对于客户和项目，应该是知根知底的。而且各种细节都已谈妥，样品也一次次改进，说明客户是有意向跟你合作的。如果只是价格差距的问题，他在一开始就会提出，会跟你探讨，而不会花那么多时间，在谈到付款的时候，再玩消失。哪怕是客户要修改付款方式，一般也会直接提出来，而不是通过故意消失来让你降价。不要乱猜疑。

我让她耐心等等，千万不要急，不要每天催，先耐心等上一周，如果客户还是没有消息，再试着写邮件问问进展。

她心里还是忐忑不安，几乎每天都要私信我：客户还是没消息，怎么办？订单会不会黄了？我现在是不是应该降价了？

每次我都是安慰她：不急，都已经到了这个阶段，再等几天吧，相信我，哪怕事情变坏，也坏不到哪儿去。放心，再等几天。

因为我相信，这时候即便有竞争对手突然杀入，进行低价竞争，在正常情况下，客户也完全可以大大方方告知，跟一个谈了六个月的核心供应商没什么不能说的。我坚信事情一定不是她猜疑的那个样子。或许客户真有事情，突然忙其他事了，暂时搁置几天，也很正常。

过了周末，她果然向我报喜了，原来客户的小女儿过生日，他带女儿去阿根廷玩了四五天，没有处理工作的事情，周一刚到公司，他就立刻安排财务付定金了。她也有些后怕，如果那时候沉不住气主动给客户降价，或许才真的让客户疑虑，觉得价格水分大，反而容易引起客户的多方比价，那才是真正把自己拖进不利的境地了。

在我看来，做外贸跟其他行业一样，都是在跟人打交道，按部就班地去做事情，去沟通，做好自己该做的，不要去揣测别人的想法或意图，不要过于敏感。倘若做出一些不理智的行为，反而会把好事变坏。

我也不是一开始就明白这个道理，我在很多年前也碰到过类似的问题。当时是在广交会上，一个比利时客户跟我谈得很好，连续三天都到我的摊位上谈一款太阳能灯，从细节到包装到付款方式都谈妥了，客户对样品也十分满意，拍胸脯保证回去以后就给我确认订单。

可是展会过后，我发合同请客户回签，连续写了四五封邮件，都没有任何回音；我在Skype上给他留言，也没有回应；我打他公司电话十几次，也没人接；我给他写了一条长长的短信发过去，也没回复。

我心里一直忐忑不安，是客户找到了价格更优惠的其他供应商，还是他当时拿走了样品，通过样品找到了我的工厂，直接跟工厂联系上了？又或者是他那边情况有变，不准备采购了？

我进行了各种揣测，邮件他肯定收到了，哪怕没有看到，我发到他手机上的短信他也肯定能看到，为什么不回复呢？难道他回了，我没收到？是不是我手机有什么问题？我还专门联系我在法国读书的一位高中同学，让他用他法国的手机给我国内的手机发条短信，看看能不能收到，结果是可以收到，看来手机没坏，可以收国际短信。

为什么对方公司电话没人接呢？难道是个小公司？还是只是个空壳？我用谷歌地图查询过他的地址，的确是布鲁塞尔当地的一个写字楼，应该没错，也不像是假的。再说了，哪怕是假的，难道他千里迢迢来广交会，就是为骗我一个几美元的样品？这也不太可能。

我百思不得其解，就找了个工作日直接打了他手机，结果被挂掉了。我想，可能是他开会不方便接电话，我又凑时间，算时差，等到他那边是晚上的时候，又打了一次电话，结果还是被挂掉。我心里彻底凉了，看来这个客户没戏了。

我带着满腹的疑问，又是一晚上没睡好。

结果我第二天早上一到公司就收到了客户的邮件，就一句话：抱歉，公司事情太多了，现在才有时间处理这个订单，请给我银行账号。

原来之前所有的一切，都是我自己臆想的，一会想这个可能性，一会想那个可能性，一路猜疑，让自己吃不好、睡不好，其实什么事情都没有，仅仅是因为客户很忙，暂时没工夫处理这种新供应商和新订单的事情。至于下班后，他看到中国打来的国际长途，知道显然是工作的事情，他不想谈，因为这是私人时间，他要用来陪家人跟孩子，不想无休止地工作。

而这一切，都是后来我跟他逐渐熟悉了以后，从他口中了解到的。

那么多内心戏，其实都是自编自导自演的，没有任何价值，也没有任何意义，只是给自己徒增烦恼，破坏了原本平和的心态。

我特别想告诫大家，做人也好，做生意也好，都不要过于敏感。做好自己，尽最大的努力，把事情做到极致，这就够了。

因为一些小事情，动不动就脑补出一部"悬疑剧"来，那你的时间也太不值钱了，不是吗？

少做那些无聊的事情

我们常常反感别人做一些无聊的事情,可我们自己,是不是也在不断重复这样的行为呢?

我们在做事之前,可以做一个很简单的换位思考,把乙方设想成甲方,从对方的角度思考一下问题。想想这个事情,是不是对方真的需要的,做了会不会出现反效果,最坏的情况又会是如何。这样一衡量,或许我们就会三思而后行,少做一些莫名其妙的事情。

我们常说,某人情商高,是因为他会说话。错了,会说话只是表象,真正的核心,是他懂得换位思考,能从对方的角度考虑问题,所以说话做事才会更加得体,不容易让人反感,才会让人觉得他情商高。

这其中的一个重要因素，就是少做一些无聊的事情。说白了，就是不要做那些不仅对人们之间的关系没有任何帮助，反而可能让别人反感，产生各种无谓的困扰的事情。

比如说，有些朋友特别爱发节日祝福信息。一到节假日，就开始铺天盖地发送。过去是短信，如今是微信，但是内容基本上换汤不换药，全是网上的段子复制粘贴而来的。结果，随便过一个节，都能收到上百条微信祝福，内容还大都是重复的，收件人会是什么感受？

这些祝福信息根本不是你创作的，也没有任何情感在里面，收到你祝福的人，难道会因你记得他的存在而衷心地对你表示感谢？是皱着眉头，对着这条明显是群发的信息，直接删除或者无视吧。哪怕别人回复你一句，多谢！同乐！也不会是真心的。

在我看来，这件事情就特别无聊，浪费自己的时间，也浪费别人的时间，毫无意义。我不是反对这种节日祝福，你可以写几句想跟对方说的话，哪怕一两句都行，不需要辞藻华丽的文字，也不需要用各种图生搬硬套，让收件人感受到你的一点诚意。

每到节假日，我最烦的就是这种无休止的节日祝福轰炸。不回呢，别人说我架子大；回呢，我又觉得很虚伪，明明我很讨厌这种垃圾祝福。这让我觉得无比困扰和纠结，后来我决定，这类信息一概不回，就当作没看见。

但也有很多朋友的祝福信息我会认真回复，因为这些信息一眼看上去就是自己写的，不是随便复制粘贴、群发的。比如说：

"谢谢你的指点，平时不好意思打扰你，趁着中秋假期，希望你跟家人一起过一个团圆节。中秋快乐！"

不需要对仗工整、朗朗上口的文字，谁都知道那是抄来的，虚假而空洞。更有甚者，复制内容的时候连别人的名字都复制进去。刷存在感，是需要找具体的机会和场合的，而不是随意打扰，这是很不礼貌的行为。

这就跟我们工作一样，你是真的做好准备工作，有针对性地去开发客户，还是说一个模板、一套话术走天下？以为是努力付出，用时间的消耗来感动自己，其实是在制造垃圾邮件、骚扰电话罢了。

业务能力扎实，熟悉产品，了解行业，这只是好销售人员的基本功；知道如何跟客户打交道，如何长话短说，如何节约时间，如何找到对方的需求和痛点，如何帮助别人解决问题，如何架构利益共同体，如何打消客户的疑虑，这才是背后的真功夫。

无聊的事情少做一些，多花心思在正事上。要维护交情，那就用心去维护，而不是做这些表面的敷衍行为。

我们是不是也讨厌那种广告类的垃圾短信？哪怕一次次屏蔽，一次次拉进黑名单，它们还是会如影随形地骚扰我们，让我们不胜其烦。

既然如此，我们是否也不应该带给家人、朋友、同事、客户、生意伙伴这样的感受？不要破坏了自己的形象和气质，多说未必是福，少说未必是错。

沉默是金。在没有任何准备的情况下，在不确定对方会有什么反应的情况下，还是先推敲，先做预案，先换位思考，而不是贸然出手。

己所不欲,勿施于人。

少做无聊的事,也是高情商的体现。

别让你的情商拖累你的智商

这个世界上,聪明人不少,但在职场上做得好的,未必是那些能力最强的人。

能当上中层领导,而后进入高层的人,能力肯定是有的。那是否高层领导的能力,必然远胜于中层呢?这就未必了。

要解开这个疑惑,我想从我身边的一件事情说起。那是2008年,我刚进外企工作,我的顶头上司是一位台湾女性,这里姑且把她称为张小姐。

张小姐在公司服务了接近二十年,从底层员工开始,稳扎稳打,经过二十年的努力奋斗，终于升到采购经理，进入公司中高层领导的行列。

其实在外企，这个职位有些尴尬，你说是高层吧，还算不上，上面还有高级采购经理、分公司总经理、中国区副总裁、中国区总裁、高级执行副总、亚太区总裁等一大堆高层职位。

说是中层吧，她又比大多数中层主管强一些，因为负责的项目特殊，所以权责上实际是绕过高级采购经理和分公司总经理，直接汇报给VP，即中国区副总裁的。所以权责上、实际能力上，她都已经越了两级，哪怕公司委派她当分公司总经理也不为过。

只是许多外企，虽然没有很森严的论资排辈壁垒，但越往上走，机会也越来越少，基本上是一个萝卜一个坑。高层领导如果没有退休或者跳槽，很多职位不可能空出来，中层主管哪怕能力再强，最多也就是得到薪水上的补偿，很难在职位上更进一步。

就在那年，她带领我们这批手下重新整合了公司在印度和越南的供应链，分流了大中华区35%的订单，并且成功把生产成本降低了7%。她成了公司的英雄，得到了总部的嘉奖，还拿到了一笔额外奖金和三个助理名额。从那时候开始，我们团队贡献了上海分公司50%的业绩，而正在这个时候，她名义上的直属上司，也就是高级采购经理，辞职去了英国工作。张小姐踌躇满志，认定了这个职位已经是她的囊中之物。

整个分公司包括分公司总经理在内的同事，都来向她表示祝贺。因为大家都认定，她就是铁板钉钉的高级采购经理人选，就差总部的一纸任命了。而当时所有的细节仿佛都证明了这一点：中国区总裁直接出正式邮件通知所有人，由她暂代高级采购经理，同时管理整个上海分公司的采购团队。

接下来的三个月里，张小姐就跟打了鸡血一般拼命工作，每天晚上十点下班都算早。大家心里都明白，她是要做出实实在在的成绩，让总部这边正式任命，把她的"代"字去掉。

在三个月后的某一天，总部的正式任命姗姗来迟，可惜的是，新任命的高级采购经理不是她，而是另一位空降来的原新加坡分公司的助理采购经理，Andrea Woo。

张小姐突然变得非常愤怒，平时气质优雅、态度温和的她，一时间绷不住，在公司里大骂总部那帮高管都是饭桶，看不到她的付出和价值，然后立马给亚太区总裁和中国区总裁写了辞职邮件，并且抄送给上海分公司的所有同事，言辞无比激烈。张小姐狠狠出了口气，并且当天就离开，也不交接工作，跟公司来了个彻底了断。

她走得如此潇洒，的确让不少同事钦佩不已。新来的两个小女生就在一旁窃窃私语："看，人家张姐就是牛气，都不交接工作。我也希望有一天能像她那样，要是公司惹我不高兴，我把辞职邮件一发，拍拍屁股就走人，反正外面有的是好机会。"

她这么一走，的确给公司造成了很大的麻烦，我们团队一下子陷入一团糟，连续三个供应商都出问题，新来的采购总监连屁股都没坐热，就要担任消防员的角色，到处救火。而我则成了这场风波中的受益者，被临时提升两级，临危受命，接替了张小姐的采购经理职位。

本来这场办公室政治就此告一段落，可事实的真相并不是那么简单，可以说，充满了戏剧性。由于我接替了张小姐的职位，成了采购经理，按照惯例，我可以越过上海分公司总经理，直接向中国区副总裁汇报工作。

有一次在香港开会，我向中国区副总裁汇报工作后，他跟我聊起张小姐的情况，感慨道："其实我知道她能力强，即使让她升职做高级采购经理，也配不上她的能力。但是公司的规定你知道的，如果刚升了职，短期内是不可能再次升职的，若是直接连升几级，总部那边肯定没法通过。我就想着，先让她代理这个职位一段时间，让总部看到她的出色能力，担任这个职位游刃有余，我再派她去美国历练半年，回来后接受上海分公司总经理的职位。哦，对了，上海这边的老大要调去美国总部，你知道吧？"

这个答案实在出乎我的意料。原来高层的意思根本不是派空降兵抢张小姐本该升迁的职位，而是要把上海分公司老大的位置交给她，因为现在的总经理会调去美国总部，"一把手"的位置就空出来了。天呐，原来如此，我听到这里，惊得嘴巴都合不拢了。

他接着说道："但是可惜啊，你也看到了，她如此刚烈，连沟通的时间和余地都不给我。她离职邮件一发出去，我还能怎么办，一步把事情做绝，把所有高层都得罪了。哎，我还想跟她电话沟通一下，没想到她把电话卡都换了。我联系不上她，只听说她回台北了。"

他表示对公司失去了一个人才感到惋惜，但是他不后悔，也不后悔事先没有跟张小姐沟通。虽然造成了公司人才的流失，但是从长远看，张小姐的情商和格局,决定了她只能止步于中层了。

那个时候,我还很难理解副总裁的话中之意,为什么情商和格局能影响她的未来,她能力那么强,去哪里都能混得开吧。再说了,情商这东西也实在有点虚,有些人性格强硬,有些人说话直接,难道就一定发展不好?这也未免太过武断了。

直到多年以后,我才慢慢琢磨出一些道理。认为她情商不够高,并非说她不会做人,而是在关键的时候,会暴露出性格的缺陷,从而对自己产生巨大的影响。比如说,公司突然派空降兵抢了自己的位置,这时候哪怕再不满,是不是也应该先把事情弄清楚呢?起码先了解一下公司为什么升别人而不升自己的原委吧。

就算要掀桌子,也不一定就在当下动手,一个要做高管的人,应该沉得住气,谋定而后动。哪怕最终决定离开,也可以从容体面地走,不为别人,起码也要对得起自己那么多年的奋斗吧。逞一时之快,赌一时之气,这是职场菜鸟的行为,若是高管也这么做,那就真的会让人耻笑。

普通员工在工作中遇到困难或委屈,可以扔封辞职信随时走人,但若是在公司担任核心岗位的人,说走就走,毫无交代,任凭手中的项目出问题而不顾,置领导的责任、担当与职业操守于何地?这样的性格和情商,试问哪个老板会赏识?

她的智商毫无问题,工作能力同样超级强悍。可她失去了宝贵的发展机会,输就输在情商上。

很多年后,我通过一个朋友得知,张小姐离开公司回台北后过得并不如意，去了另外一家跨国公司，匆匆三个多月后又辞职离开。后来她又回到上海，兜兜转转一两年，去了一家很小的贸易公司做销售经理，薪水也从当年愤然辞职时的百万人民币，一路下滑到原先的三分之一。

感慨之余，也不禁为之惋惜。看起来仅仅是一个错误，但是背后映射出的，是情商的缺失。有工作能力，但缺乏职场智慧。

没错，职场有各种天花板，可终究有不少人可以突破，可以进阶。这其中，能够不断往上走的，能力肯定不差，但是更重要的，是绝对不能让情商拖后腿。

蜜糖·还是砒霜

有一个很有意思的现象：随着年龄的增长，我们看问题的角度和为人处事的方式，会越来越带有某种功利性目的。做一件事情，先考虑是否对自己有好处，能获得什么，然后再决定要不要去做。

我为什么要加班？老板出差了，我做给谁看呢，早点下班吧。下午也没什么事情，随便上网打发时间得了。

这本书有什么好看的呢？能让我赚钱吗？若不能，那我为什么要看，还不如刷刷微博、看看韩剧呢。

上英语补习班？我都一把年纪了，又不需要读书考试，为什么要学英语？再说了，英文不好有什么关系，外贸还不是照样做。

做企业网站？这事情要耽误我多少时间啊，而且做好做坏，跟我也没有什么利益相关，推给助理做算了，反正他们也闲着。

我为什么要培养新人？我自己的工作多到做不完，我也很忙啊。再说了，把新人培养出来，公司会给我额外薪水吗，没好处不说，还给自己增加了竞争对手。

这类问题的根源，就在于纯粹用利己的心态去考虑问题，有好处就做，没好处就不做。表面上看好像没有太大的问题，甚至很多朋友都会赞成这种"各人自扫门前雪"的态度，觉得对自己没好处的事情，不做也无可厚非，为什么要勉强自己做呢。

但是在我看来，这是一种很短视的心态。很多事情没有办法以直接利益去衡量，需要综合考量后，才能作出合理的判断。如果你只计较短期利益，你又如何获得长期收益呢？你不愿吃亏，任何事情都要占便宜，难道别人就会心甘情愿吃亏，心甘情愿让你占便宜吗？其实越是计较的人，得到的越少，错失的越多，而错失多了，心态会更加极端，会更不舍得付出，从而继续错失更多。这也算是一种恶性循环吧。

我有一个多年的老同学就是这种心态的受害者。其实他家境不错，读书成绩也很棒，虽然高考失利后复读了一年，但还是以高分考进了复旦大学经济学专业。毕业后，他找了份不错的工作，在上海的一家中资银行的国际结算部任职。我们做外贸的都知道，这个部门是相对高端的，处理的是对外贸易相关的金融工具和收付款业务，以及信用证之类相对复杂的事务。

但是他工作后，还是一贯维持长久以来的利己主义，只做对自己有好处的事情，并且还自认为做事聪明、高效率，从不做浪费时间的事情。从进公司第一天起，他就学会了如何站队，如何对上司谄媚和曲意奉迎，跟家境不错的同事相交甚欢，但对普通家庭出身的同事却冷眼相对。

直到他升了职，做了副经理，依然如故，把利己主义的逻辑奉为圭臬。他在公司里没什么朋友，大多数同事都不愿与他打交道，他还不以为然，觉得跟那些人没什么好交往的，交往也是浪费自己的时间，要交往就要跟比自己强的人交往。

若干年后，他曾经的同事或下属，有的升职了，有的出去创业了，有的跳槽去了投行和外资银行，身价都翻了几倍，只有他依然窝在副经理的位置上，好多年都没有挪一步。每次聊起这个，他都满腹怨气，说自己跟领导关系好，所以很多同事嫉妒，这些人肯定在背后不断给他使绊子，才导致每次升职都没他的份。

我知道这时候无论我说什么他都听不进去，他的思维定式限制了他。他觉得自己跟领导关系好，但是在工作中，这只是职位晋升的一个条件，而不是核心要素。领导需要奉承之辈，但更需要的是能帮他办事、能管理团队、能帮公司发展的人才。

把心思都放在琢磨领导的想法、如何搞好和上级的私人交情上，这是走偏了。他以为自己走了捷径，其实领导心里清楚着呢，他知道你需要什么，想干什么，也明白自己能不能给你，该不该给你。既然那么多年领导都没有给他升职，就已经说明领导认为他还不够好，或并不适合这个职位。

我这个外人都看明白的事情，他这个局中人却看不懂，总是一次次跟我说，领导就是决定他升迁的关键，他只要搞定领导一个人就可以。领导答应了，只要有合适机会，一定会拉他一把的。

我没好意思打击他，其实我想对他说的是："朋友，你还是没看明白这其中的关键，你的利己主义害了你。你只看眼前利益，哪怕一丁点与自己无关的事情都不愿意做，你如何能在职场中让大多数人支持你？因为别人都知道，你若是当上领导，绝对翻脸不认人。一个只在乎是否对自己有利用价值的人，谁愿意跟他共事呢，只会敬而远之。"

真正聪明的职场人士，是可以在任何环境下都能聚集朋友和战友，减少对手和敌人，找到自己的生存之道的人。

曾经有一位相处多年同事，说了句让我至今记忆犹新的话。她说："我不介意谁当我上司，我有自知之明，升职的人反正不会是我。但是当我上司那个人，一定不能是我讨厌的，否则我也会暗中抵制、反对他。"

一两个员工或许无法影响高层管理者的决策，可如果一群员工对他们的上司不满，各种抵制，各种不合作，或许高层就要怀疑这位上司的管理能力和领导手腕，考虑他适不适合继续留在这个岗位上。

真正的聪明人，可以不跟工作伙伴交心，但是起码不会把自己的好恶写在脸上，不会轻易树敌。能接受不一样的观点，理解不一样的立场，能用自己的举手之劳帮别人获取利益，用长期发展的眼光来规划自己，这才是在职场上一路往前走的不二法则。

只选择对自己有利的事情，为了眼前的一片树叶而放弃整片森林，绝对是低情商的行为,只能让自己的职业上升之路过早止步。

眼前的一点利益,或许现在尝着是蜜糖,长期看却成了砒霜。

老板为何不支持你

我收到过一位学员的留言,他是这样说的:"毅冰当初能做到销售冠军,一方面说明个人能力的确不错,另一方面也是因为平台好,有老板和公司的极大支持,要钱给钱,要人给人,要资源有资源,要团队有团队,所以跟客户谈判起来有底气,接单也比较容易,做不好才奇怪。"

他接下来补充道:"如果毅冰招助理,我也特别愿意跟着这样的上司工作,遇到重要客户、重要项目,可以不计成本地随便打样,可以直接飞去国外跟客户谈生意,工作效率高,成功率自然也高,公司报销各种费用,花公司的钱,做起来自然很轻松。"

我从来都不否认平台对一个人成长的重要性，若是站在巨人肩膀上，起点更高，资源更好，的确是事半功倍的。可为什么我还要专门写这篇文字呢？那是因为，这位学员只看到了别人好的一面，但是忽略了许多背后的东西。

这位学员想的是，找个好老板，给他大力支持，他可以从容接单，可以过得很舒适。这样想还是太天真了。

首先，老板和员工是雇佣关系，也是合作关系。他对你没有任何付出的义务，他在你身上所有的投入，都是要求你加倍回报的。

你觉得老板不够支持你，你没有免费的打样，没有直接飞去国外谈生意的机会，公司不给你报销头等舱或公务舱机票，不给你住五星豪华酒店，不给你足够的业务经费，这些都是为什么？

其实大多数情况下，不是老板小气、抠门，而是你过去的成绩和能力不足以让老板信任你。如果老板觉得只要你出马，就没有谈不成的事情，这种情况下，老板自然会全力支持跟配合你。

说难听点，如果你只有业务员的价值，只有跟单的水平，哪个老板会冒着亏本的风险，在你身上花大价钱呢？员工也是一种特殊的商品，老板在员工身上的投入，就是一种投资，而投资当然需要回报。

我能走到今天，绝对不是因为遇到什么好老板，而是一次次在碰到问题后，作出了正确的判断和决定，一次次在艰难的环境中战胜同行，抢到机会，一次次把已经失去的客户重新拉了回来，一次次把老板都觉得没戏的客户争取过来。

久而久之，老板对我就有了很强的信任感和心理依赖，一旦碰到棘手问题就跟我探讨，研究接下来怎么布局；一旦碰到不错的潜在客户，就让我来处理。因为他对我放心，觉得这样成功率更高，所以我向公司要钱和要人都会得到支持。

所以不是谁运气好，可以找个很好的平台，随便你怎么折腾都行，给你高薪厚职，让你拿着公司的前途和现金试错。公司给你投资，你就得担得起那个价值。如果老板不支持你，那你要做的，首先是全面提升自己，用实力来争取老板的青睐，争取机会。

很多篮球运动员，哪怕在国内已经是大明星，如果去美国打NBA（美国职业篮球联赛），也得坐很久的板凳。因为那里人才很多，而且团队结构很稳固，各方面配合度都很好，凭什么一开始就用你这个外来户？你有什么资格让队友和教练对你另眼相看？除非你用实力来证明你真的可以打主力。

你只能通过平时来争取机会。教练或许会在某场比赛里给你几分钟的上场机会，你要在这几分钟里，充分展示自己的才能，让教练看到你的出色。你若能在每次给你的几分钟的时间里充分表现自己，教练自然会越来越多地注意到你，才有可能给你更多的机会。

职场中也是如此，你要通过平时的努力来积累自己的能力，在有机会的时候充分表现自己，给公司处理棘手问题，赚取可观利润，让老板赞赏，这样老板才会注意到你的存在，才会把你当成一个重要人物。

很多人看到我后来坐飞机头等舱，在世界各地度假，住顶级酒店，但是你们没有看到我拿600元月薪的时候、三个月都在吃泡面和沙县小吃的时候、二十多个人合租房子的时候，以及我春节前被老板克扣提成后辞职，口袋里只有不到200元，还欠了几千元信用卡的时候。

所以很多东西不是本来就有的，而是通过自己的努力去争取来的。

我想告诫大家，机遇很重要，但是更重要的，是你要有配得上机遇的能力和价值。否则哪怕机会来了，你也抓不住；哪怕抓住了，你也留不住。舒适的日子，是用自己的双手挣的，不是别人平白无故给的。

要改变未来，先改变自己。光有努力还不够，还要有想法，有目标，要提升自己的价值，改变自己的思维方式。唯其如此，才有跟别人讨价还价的资本。

成长的过程很不容易，路很长，很难走。在你没有到达一定的高度，没有跟那些让你仰视的人处于同一水平线时，那就好好鼓励自己，默默前行。

最好的自己，是自己创造的。

你太好,所以你不成功

我留意到一个现象,就是许多能力很强的人,在职场上却得不到应有的成绩和收入,得不到相应的回报。这跟个人能力和机会无关,而往往是由于这个人太好,太过完美造成的。

许多人很难理解这个问题,认为完美是一件好事情。谁不想自己有才且多金?谁不想自己美貌与才华并重?这没错,但是一个过于完美的人,对身边人造成的压力也是巨大的。

在工作中,有人会声称自己是一个完美主义者。说这话的人,表达了自己对于细节的苛求、不达目的不罢休的拼劲和力求把事情做到最好的态度，这是一个很大的优点。

可别人会怎么看呢？上司也许会觉得这个人过于吹毛求疵，一件事情反复修改，以至拖延，还认为自己没错；同事也许会觉得这人难以相处，把自己的工作做到极致，给了别人很大的压力，害别人增加了不少工作量；下属会觉得上司太严苛了，做什么都被批得一文不值，一封邮件改了七遍还是被打回来，没动力工作，想辞职了。

工作中的完美主义者，往往是个吃力不讨好的角色，承担了很多，却得不到应有的掌声和应得的利益。换来的，更多的是酸溜溜的嫉妒、冷言冷语的嘲讽、无法忍受的抱怨，甚至是声嘶力竭的谩骂。

职场上，能力极强的人，就跟颜值极高的美女一样，是会被人嫉妒的。因为你太完美了，许多人就会不惮以最大的恶意去揣测和中伤你，以发泄自己无法拥有你的一切的失落感，平衡自己的酸葡萄心理。

娱乐圈人物也好，其他公众人物也好，真正的强人，展现出来的自己，都不是完美的，一定会有这样或那样的缺点。也正因这些缺点，才让大家觉得他够真实，够接地气，更愿意追捧和信任他。

那我的问题来了，如果一个职场精英真的很完美，无可挑剔，高薪厚职能力强，细心努力效率高，那该怎么处理职场中的各种关系呢？我这里有三个建议，给职场中完美的你参考。

第一，故意暴露弱点。

清朝中后期，朝廷的八旗兵和绿营兵镇压太平天国尽皆失败，江南、江北大营被攻破后，曾国藩带领湘军，独力挑起重任，对抗太平天国。在长年累月的战争中，湘军逐渐势大，曾国藩甚至已成为当时最大的军阀，早有无数人试探和进言，劝他更进一步。

在湘军最终攻破南京，彻底镇压了太平天国运动后，湘军的实力到达了顶峰，曾国藩的个人声望也到达了顶峰，手握三十万大军，威震南方半壁江山。声威赫赫之时，曾国藩是如何选择的？

朝廷猜忌权臣是必然的。清廷虽然在无奈之下，让汉臣领重兵、掌重权，可从未对其放松过警惕。当时僧格林沁带领蒙古骑兵驻扎安徽；富明阿、冯子材带兵守扬州和镇江，控制长江下游；钦差大臣官文把行辕设在武昌，掌握长江上游，对湘军实行了三面包围。同时，朝廷又故意分化湘军，封左宗棠为浙江巡抚，扶持李鸿章另立淮军，把铁板一块的湘军逐步打散。

这种情况下，曾国藩为了打消朝廷的猜忌，是怎么做的呢？

湘军打下南京后，曾国藩开始纵容士兵烧杀抢掠。这在过去是不可想象的，因为曾国藩向来军纪严明，否则也不可能成为朝廷中流砥柱，怎么可能一攻下南京，就完全变了样子，湘军就迅速腐败了呢。有观点认为，这是曾国藩有意为之，自曝弱点，自泼脏水，就是为了向朝廷证明，他不是圣人，没有做皇帝的意图。

皇帝也好，朝廷也好，是容不下一个没有污点的权臣的。曾国藩自曝弱点后，就上书向朝廷请罪，同时自请裁军，才最终保全了湘军，也保住了自己。

所以曾国藩在战后，得以封一等毅勇侯，继续担任两江总督，还在死后被追封太傅，得到了文官里品级最高的谥号"文正"。

我们做人、做事也一样，有些事情就是过犹不及。当你能力过强，

"功高震主"的时候,故意暴露弱点,让别人觉得你也不过如此,也不是完美的人,这样别人会对你放下不少警惕,不至于联合起来敌视你、孤立你。

第二,偶尔自黑或自嘲。

当你的工作无可挑剔时,必然遭到各种羡慕和嫉妒,随之而来的,也有背后冷冷的恨。这时候,偶尔的自黑或自嘲,反而容易缓和这种紧张关系。

我原先的同事健明,当时是公司的采购经理。这家伙能力极强,海归硕士,年轻有为,以管培生身份进入公司后,不到两年就做到采购经理的职位,可谓三级跳,让不少在公司做了七八年还是采购代表和高级采购代表的老员工倍感压力。

但是健明最牛的一点,就是自黑或自嘲的水平极高。比如说,他总是强调:别叫我名字啊,你骂我呢?听起来像贱民,我有那么贱吗?起码叫贱民兄,才有点意思吧,听起来像是贱民的哥哥,比贱民高半级。

又如跟供应商谈价格,他有时故意乱砍价,激怒供应商后,做个顺水人情,让手下的采购代表去转圜,也顺理成章地把自己摘出去,合理分配和平衡了工作及利益。

还有一次,他一位下属收了供应商一个千把块的红包。后来那个同事跟供应商因为订单的事情闹得有点不愉快,供应商一怒之下,就把这事情写邮件举报到公司了。这种事实际上是严重违规的,采购人员不得收取供应商任何钱物,这是公司的底线,一旦违反规定,是需要立刻辞退的。

健明在这时候，再次展示了他的高情商。他一方面跟公司高层汇报，这个错误不可原谅，必须要严肃处理；另一方面在开会时故意谈到自己也吃过供应商的水果，也吃过供应商请的大餐，还喝过不便宜的五粮液，这些加起来，远高于同事收的礼物了。最后，他又对公司的业务往来制定规则，规定员工接受供应商的宴请和招待，不得高于300元人民币，否则就属于利益收受，就是行贿和收取贿赂了。而那位采购同事，也通过他的这套组合拳，写了检讨，调换了工作岗位，这事也就大事化小了。

而他通过自黑，完善了公司的规则，完成了一次小的整风运动，保住了那位犯错同事的饭碗，也让整个团队的凝聚力变得更强，此等手段真是一等一的高明啊。

第三，让别人觉得被重视。

如果你的能力和水平远胜于公司其他同事，你太强、太完美的话，就容易被孤立。

你那么厉害，事情你都自己做呀。

你那么牛，不需要助理了吧。

你那么猛，这些难题肯定要你来解决……

结果就是，哪怕你忙死、累死，每天连轴转，无休止地加班，也得不到别人的认同，反而觉得这是你应该做的，是你自找的。

你在职场上什么都能做，什么都在做，像全能一样，结果只能让自己脱离群众，曲高和寡。别人把你架上神坛，实际上是让你高处不胜寒。

聪明的应对之策，是让别人觉得被重视，被需要，而不是可有可无。

足球赛场上，阿根廷队拥有全球最强的超级明星梅西，反而走不了太远。因为梅西太强、太完美，所有人都依赖他，都希望靠他一人取得胜利。这样一来，他的队员反而因为超级明星的存在，都找不准位置，变成了陪衬，从而球队整体战斗力大减。

迈克尔·乔丹能带领公牛队，一次次夺取NBA总冠军，是因为他不仅自己够强，还能让每个队员的优势都得到充分发挥。他需要皮蓬给他传球和配合，罗德曼控制篮板，朗利稳定内线，哈勃抢断盯人。一个灵魂人物，不仅要自己够强，还要能带动身边的人一起成长，让他们协助自己，发挥各自的长处，成为自己最大的助力。

我记得自己大学期间第一次去外贸公司实习时，带我的业务员Sarah就拥有这种极高的情商。她是澳洲留学回来的，英文肯定比我强，但是她总是有意无意地给我找机会，给我找事做，不至于让我觉得被无视。比如写完一封邮件后，她会跟我说："毅冰你英文不错，来，帮我看看，我这封催款邮件合不合适，语气是不是有点重了？"

其实她是照顾我，让我学习，给我自信，但从来没有任何居高临下、颐指气使的态度，而是以探讨的名义，给我一次次学习和锻炼的机会。

让别人觉得被重视，才是职场上极高的情商体现，也是职场人士极高的管理能力和管理手腕。

这个世界上，能力强的人不少，但是能力强，又能破除完美光环的人，才会离成功更近，才是极少数真正的高手。

上善若水，水善利万物而不争。

诚哉斯言。

第四章

CHAPTER 4

学习能力
LEARNING ABILITY

让你拥有持续的竞争力

工作永远做不完，为什么还要这么拼

我曾经写过一篇关于工作和生活是否要分开的文章，我的观点是，分开的想法是好的，可对于大多数人而言，其实很难做到。

当你还是普通员工的时候，你会承受来自领导的压力，工作根本做不完，领导还不时给你添加各种新的工作内容，占据你不少时间。当你自己做主管、当老板时，就会有更多的事情，你想停都停不下来，无数事情压着你，无数人需要靠你生存，你就像一辆行驶中的列车，可以加速，可以减速，但根本没法彻底停下。

2004年，盛大在美国纳斯达克上市后，股价一路大涨，成为纳斯达克市值最高的中国概念股，一度把陈天桥送上了中国首富的位置。盛名之下的打工皇帝唐骏,那时就是盛大的CEO(首席执行官),唐骏后来回忆当时的场景时说,陈天桥虽然做到了中国首富,但天天为公司的事情操心,心理压力巨大,每天都睡不好觉,半夜一定要爬起来,看盛大在美国的股价是不是有动荡,担心投资人对他没信心,一度弄得自己神经衰弱。

连陈天桥这样中国首富级别的人物,都很难将工作和生活彻底分开,更何况我们这些要养家糊口,为生存奔波的人呢?

那篇文章一出,的确有一些反对的声音。反对的理由大致是,如今人们的工作压力很大,甚至有年轻人因过度劳累造成过劳死,你还在那里鼓吹加班文化。他们的观点是,不要加班,在工作时间内把工作做好,提高效率,这就够了。

我理解他们的意思,我当然也不支持加班,我也希望大家可以在工作时间内完成工作,做得又好又漂亮,可以在休息的时间内彻底放松,不被工作打扰。

但是很可惜,现实很残酷。对于业务员而言,客户紧急询价,我们要及时处理;供应商说验货没通过,我们要进行紧急沟通,安排返工和重验事宜;老板打电话说下周一开会的事情要事先沟通一下,我们要做好应急预案;客户要第三方安排出货监装,我们要了解情况;验货员要来验厂,我们要马上安排……

很多东西,你想推,根本推不掉,你没法装傻不理会,也不可能说这两天是周末,我在休息别打扰我。

你只能尽可能优化工作流程和细节,尽可能把手上的工作做好,提高效率，争取把更多时间留给自己和家人。

工作的确永远做不完，不管如何拼命，明天照样有很多工作。有些朋友或许会觉得，反正工作做不完，不如明天做；也有些朋友会认为，工作做不完，我就尽量多做一些，减轻后面的压力，争取让老板、客户、供应商对我另眼相看。

有些人觉得工作做不完，很心烦，一肚子怨气，心态十分糟糕，甚至有辞职的打算；有些人觉得工作做不完，于是不断找方法，改进效率，比其他人做得更好、更出色。谁的路会走得更远、更好不言自明。

当你有了明确的目标，那就为之努力，你所做的一切都不会被辜负，都会成为自己的历练和积累，在未来的某一个时刻给你回报。如果你还没有明确的目标，那也没关系，你只需把你手中的工作做到最好，永远比大多数人多做一点点，多走一小步，你会发现，你的路会更宽广，你的选择会更多。

你不做，或者推迟做，短期内或许看不出问题，但是假以时日，你跟那些一路用心、踏实奋斗的同行、同事比起来，差距只会越来越大。别人做到了主管，做到了副总，你或许还是一个业务员，价值依然有限，被替代性依然很强。

很多人都知道阿里巴巴前CEO、著名投资人卫哲的经历。当年阿里因"诚信事件"，CEO卫哲为此承担责任，引咎辞职。其实在加盟阿里之前，卫哲就已是跨国公司百安居的中国区总裁，是一等一的人才。但是在他光辉的职业生涯背后，很少有人知道，当年卫哲大学毕业后的第一份工作，其实是秘书。正因为他把秘书这个职业做得与众不同，才得到大老板管金生的赏识,从而开启他职业经理人的生涯。

所以不要小看你的工作,哪怕再低的职位,做再基础的事情,都有人可以脱颖而出。是金子总会发光的,但你要先把自己变成金子,有足够的价值,才有资格去寻求机会,否则机会到你面前,你也抓不住。

工作十年后,曾经在同一起跑线的人会天差地别,原因就在于,有些人拼了十年,有些人混了十年。

每个人的目标不同,追求不同,有些人不甘于现状,希望拼出一番事业,希望掌控自己的未来;有些人喜欢简单,喜欢寻求一份平静,只想做一份工作简单度日,这同样值得尊重。关键是,你要明白自己想要什么,才能考虑接下来怎么做。

工作永远做不完,为什么要这么拼?

或许是因为,我们仅仅是想活成自己想要的那个样子。

你是否懂得"借势"

很多年前,就有朋友提出过一个困扰很多人的问题:求职的时候,该选择大公司还是小公司,该选择各方面资源突出、培训完善的500强企业,还是什么都没有、刚刚起步的初创企业?

当时这个话题一度引起了不少外贸朋友的讨论,甚至各路大神都加入进来,讨论得热火朝天,谁也不服谁,因为两方都能说出自己的道理和根据,还有详细的证据和案例来支撑。

支持选择大公司和500强企业的,有如下理由。

1. 起点不错,是一个好的职业生涯的开端;

2. 能给自己的简历镀金,将来跳槽容易;

3．有完善的培训和学习条件；

4．薪水和福利待遇不错；

5．可以往专业化路线发展。

支持选择小公司和初创企业的，也找出不少理由来反驳：

1．起点虽然低，但是发展潜力无限，不像大公司容易碰到天花板，壁垒森严；

2．小公司靠能力吃饭，用事实来证明能力，这也是镀金；

3．大多数人都是自学成才的，职场上没人会手把手教你，职场不是学校，工作中历练和打拼出来的经验比纸上谈兵更重要；

4．小公司往往比较容易升迁，做主管，做高管，做合伙人，甚至自己创业，往往赚得更多，可以弯道超车，不像大公司还要论资排辈；

5．小公司什么都要干，往往对于个人能力的要求会更高，懂得多了，到哪里都不怕没饭吃。

我们大学毕业的时候，很多老师跟我们说：小公司容易锻炼人，各方面能力会比较全面地得到提升，进大公司往往都是做螺丝钉，工作细分，每个人只专注于某一个领域。

某些"前辈"也说：在小公司赚钱容易，只要能力不错，跟个好老板，年轻的时候就有可能赚钱，而在大公司往往要打拼多年，才能有一点成绩，还要面临中年危机的压力。

各方都分析得头头是道，挺有道理。

看到这里，如果你问我的答案，那我要回答的是：以上全错。

其一，那些老师、前辈、网上的高人，他们是否真的经历过工作的选择,有足够的发言权?或者相反,他们掌握的各种信息,也是片面的?

就拿外贸行业来说,如果你在外企工作过,也在多家民营企业里做过业务总监、销售副总或集团副总裁等,二十多年经历下来,回头对比和总结一下在外企和民企的工作经历,做一些分析,把自己的想法和经验说出来,我觉得这是有说服力的,可以给很多新人一些宝贵的参考。

没有经历就没有发言权。外企和民企哪个更适合作为求职的首选,是在两边都工作过,有充分经验的人,才有资格去评论的事。

其二,大公司的员工,尤其是大型外企,往往对于中小企业员工有一种鄙视心理,觉得自己是精英,见识多、格局大、思想开放;而别人是土鳖,不专业、思想狭隘、眼界格局小。

而中小企业的员工,往往对于大公司员工也有一种敌视,觉得他们不过是运气好,自以为是,其实能力平平,而我们能有今天,都是靠自己的双手挣的,所以我们能力更强。

两边的观点,都有偏颇,因为大家看到的都是自己理解中的一方世界,对于对方,仅仅停留在想象中,道听途说成分居多。

小公司员工能力差,不专业吗?中国最有活力的企业就是中小企业,这里才是人才辈出、藏龙卧虎的地方,自学成才的人多了去了。更何况,很多创业者,也都是英雄起于微末。

大公司员工是螺丝钉,能力不全面吗?大多数外企,包括500强企业,都有严格的人才培养制度,在各种资源和资金的扶持下,要训练员工达到自己的要求,这比中小企业要容易许多。更何况,外企有一个良好的人才环境,是一个高手如云的地方,因此许多从外企出来的精英,都是中小民营企业竞相招揽的对象。

我们不能仅凭道听途说决定自己的发展轨迹和方向，大家要有判断能力，如何制定自己的职业生涯规划，如何按照自己的特点和性格选择适合的发展道路和方向，这些东西只能靠自己来做。

我来说说我的看法吧。我的观点是，如果可以选择的话，当然优先选择大公司，比如500强企业。不仅是因为以上的原因，更重要的就是两个字：借势。

我们可以设想一下。如果你是计算机专业的，你希望在Facebook、阿里巴巴、腾讯、Google、亚马逊这些公司工作，还是选择一些小的初创企业？在职业生涯初期，这些IT行业的顶尖企业，所带给你的经验、思维、专业、眼界，是完全不同于小企业的，并非仅是简历镀金那么简单。

如果你学经济学，你希望去赫赫有名的芝加哥学院，还是随便去一所大专院校？你说你有足够的聪明才智，可以靠自己学习，但是大多数人还是需要一个优秀的老师来教我们怎么做，引导我们怎么思考，这样可以绕开很多思维误区，少走很多弯路。

如果创业，你觉得是一个普通人创业成功的概率高呢，还是王思聪先生创业成功的概率高？没有雄厚的背景，靠自己打拼，也有逆袭的可能性，但是相比之下，是不是一开始就有资源和资金的支持，成功的概率更高一些？

为什么这些东西重要，认真思考后就会发现，其实根本上就是两个字：借势。

在大公司工作，可以见识最优秀的企业是什么样的，了解行业顶尖的人才是如何工作的，体会出色的管理者是如何带团队的，领悟公司的核心价值和差异化是如何定位的。借助这样的工作机会，学习技能、提升经验、开阔眼界、重塑思维，这是一种借势。

为什么跟随一流的老师学习，成就会完全不同，那是因为他们的思维、眼界和经验都不一般，真正厉害的老师，可以把他多年的经验和思考、总结和历练，深入浅出地讲给你，引导你去见识更广阔的世界，这还是一种借势。

为什么有钱人投资和创业比普通人成功率高，就是因为他们可以借助人脉和资金，借助不一样的眼界，这依然是一种借势。

万丈高楼平地起，这没错。

可你的高楼，如果本身就在山上的话，眼界和视角，是否会更广阔？

功利心太强无助于你的成长

功利心这个东西,要一分为二来看。

有功利心,某种程度上表示你对生活有追求,对自己有要求,所做的事情有相应的目标和方向,这是好事。比如学英文,目的是帮助自己在外贸工作中跟客户沟通更加顺畅;或者自己平日爱看美剧,看字幕会影响观赏体验,提高英文水平可以更方便。

这些功利心,我认为是好事情,可以督促自己努力。有一个目标在,知道自己的路该怎么走,自己的工作该怎么做,实现的过程就不至于茫然失措,或迷失方向。

可有功利心也需要有一个度，比如对于某件事情，先确定有什么样的结果，才决定要不要做。在职场上，这样的思维非常可怕，往往限制了你的发展而不自知。

有个朋友跟我抱怨，她遇到一位应届生来面试外贸业务员的岗位，这位求职者一点经验都没有，也不是科班出身，于是朋友想让他先做助理，锻炼和适应一下，在工作中看看他适不适合业务员这个岗位。毕竟销售不是谁都适合做的，需要有良好的沟通能力和抗压能力。

可是面试的时候，这位求职者张口就说："助理有什么好做的，不就是斟茶、递水、打杂吗，撑死也就几千元钱，能有什么前途？"这番话把她气得不轻，来我这里大吐苦水。

在我看来，这就属于功利心过强的一种表现，觉得结果不如预期，就立刻放弃。他有目的和方向，这是好事，但是太功利了，不愿意屈就自己做任何有违目标的事情，想一步登天，而忽视了积累的过程，这对于他的长远发展是不利的。

我有个学员，英文基础很差，有一天他问我："如果我把牛津字典看完，英文能到什么水平？"我回答他："你先看完，再来问我这个问题吧！"后面还有一句话我没说：只要你真有毅力把牛津字典看一遍，就没有什么事情是你做不好的。

还有一种极端的情况，比如我过去的一位同学，他在大学里就立志要创业当老板，所以不愿意尝试任何工作，不愿意体验任何职业，不做任何积累，却总觉得自己是当老板的料，别人都不懂他，他有很多的想法，很好的创意，一定可以成功。后来他连续几次创业失败后，还是不死心，总觉得不是资金的问题，就是团队的问题，要么就是他生不逢时。无数的理由，结论就是一个，打工的事我不干，我就是要当老板，这就是我的目标，我的方向。

这就是功利心过强，一切围绕一个目标走，不愿意走弯路，不愿意浪费时间。但是他不知道，有些弯路必须要走，有些时间必须要浪费，有些事情必须要付出，才能成就自己。

要创业，需要各种条件的配合，不是自己脑门一拍，觉得想法不错，就可以立马创业的。

人生也好，职场也好，往往会在时间的推移中产生许多的变数。我当年刚进入外贸行业时，也想着几年后自己创业，做贸易公司的老板。但是阴差阳错，后来去了外企，在多家500强企业工作多年，打下了扎实的基础，也丰富了自己的阅历，我反而不是特别渴望去创业开贸易公司了。

再后来，我写书，做在线课程，和一大群米课的小伙伴一起成长，这同样让我很开心。这是我的兴趣所在，我也在收入上完成了前期积累，进入人生的另一个阶段，可以从容地去考虑和选择接下来的事业发展方向。

若是回到十几年前我刚毕业的时候，我是否会知道自己能写书，从而一开始就放弃助理的工作？我是否会看到自己没什么兴趣开贸易公司，从而一开始就直接选择去外企工作？

这一切都是未知的，每一条路，只有走下去才知道结果。没有人可以预先告诉你能走多远、走多好，这份工作究竟适不适合你。你只能靠自己，一步步走下去，边走边看。不管是远处的山顶，还是过程中的风景，没走过，就不知道那里到底美不美。

我想告诫大多数朋友，我们所有的所学和经历，都有它的价值，是它们构成了一个完整的自己。功利心过强，除了让自己好高骛远、眼高手低，对我们并没有太大的帮助。

小时候，你想跟小伙伴们打篮球，父母告诉你，打球有什么前途，你能当运动员吗？有时间还是好好读书，将来考个好大学，才有好的人生。

长大一些，你读列夫·托尔斯泰的《战争与和平》，读黄仁宇的《黄河青山》，读高行健的《灵山》，父母告诉你，这些闲书有什么好看的，还不如好好看看教科书，做几套题，这才是正经的事情。

父母那一辈，大部分人年轻时经历过动荡的年代，没有机会接受特别好的教育，他们所接触的世界，仅仅是身边一个很小的圈子。但是我们不同，我们这一代人享受了中国发展最好的成果，看到了更大的世界，我们的经历、视野与思想，与父辈自不可同日而语。若是还用老一代那种强烈的功利心去定义自己的人生和职场，虽然有些过时。

我身边有一个朋友，孩子想学钢琴，她问了给邻居孩子教课的钢琴老师一个月赚多少钱，老师答：音乐学院毕业，一个月赚一万四千元左右。她大惊，孩子学钢琴，哪怕若干年后达到这个老师的水准，也就赚这点钱，这绝对不是好前途啊。于是立刻打消主意，不让孩子学钢琴了。还是学奥数吧，将来对学业也有帮助。

也许你会嘲笑某些家长的功利心态，但是放到你自己身上，你对于职业生涯的选择，对于现有工作的执行，难道没有这样的心态吗？就不会捧高踩低吗？

做助理没前途，做单证太烦琐，做跟单很无聊，做业务赚大钱，做采购油水多，这些或许才是你衡量一份工作好坏的标准，因为你在选择的过程中，内心深处已经存在着功利的对比。

可我想说的是，任何行业都有人才，都有人做得很好，关键看怎么做。吴士宏女士，当初在IBM（国际商业机器公司）从最底层的助理兼清洁工做起，一路逆袭，做到微软大中华区CEO，你能说助理没前途吗？

一栋楼，能建多高，看的是地基打得多深。你所有的积累和经历，都在有意无意间构建了你全方位的能力和价值。

功利心过强，容易迷失自己的双眼，忽略了眼前的机会，放弃了当下应该做也是必须做的努力。

人生本来就有太多的未知性和不确定性，这才是人生真正的魅力所在。仅仅依靠功利心去判断眼下的事情要不要做，是不是太儿戏了一些？

胜负，得失，往往只在一念间，用心做好手中事，全力付出，仗剑前行，不以物喜，不以己悲，或许你才能拥有想要的未来。

职场上,需要敬而远之的六类人

一个公司其实就是一个浓缩的社会,一个小江湖。有人的地方就有江湖,有江湖就有纷争,各种明枪暗箭、明争暗斗纷至沓来,这些都是再正常不过的事情了。

混迹职场,想游刃有余、出人头地,除了智商达标,能力超群,性格坚毅之外,还必须有顶尖的情商和良好的心态。或许你会碰到贵人对你出手相助;或许你会碰到伯乐对你青睐有加,但更多时候,各种巧言令色、口蜜腹剑,各种口是心非、欺骗算计,才是大家经常遇到的。

在我看来，职场就是职场，是你工作的地方，是你实现自我价值的场所，只有同事，没有朋友。就如同曾经的"打工皇帝"唐骏先生所说，当你某一天离开公司，大家没了生意纠葛和利益关系，这个时候或许才能成为朋友。

当然，人跟人是不同的，同事和同事之间的亲疏关系也不尽相同。有些人。可以深交，但有些人，一定要敬而远之，只能成为"共同做事"的点头之交。这里我想重点分析一下职场上需要敬而远之的六类人。

第一类：负能量满满的人。

可以设想一下，如果有个人一天到晚在你耳边聒噪，人生无奈啊，职场黑暗啊，前途无望啊，未来渺茫啊，你还能打起劲来工作吗？

你前天好不容易跟一个新客户联系上，客户要看一下样品，你信心满满。结果他一盆冷水浇下来：我这几年跟了几十个客户，都是寄了样品就消失了，这些人不是骗样品，就是闲得无聊。

你昨天拿到了奖金，心情很好，但他在旁边幽幽地来一句：奖金看起来很美好，不过等你几年下来底薪停滞不前，最多象征性地加两百块钱的时候，你就知道自己这几年的付出，都是个二百五啊。

你今天被老板表扬了，说你写邮件思路清晰，有理有据，要你以后继续加油。你刚打起精神，干劲十足的时候，他发了个微信朋友圈："有些人啊，听几句甜言蜜语，就找不到北了。要知道，某人可是画饼高手呢。"还特别圈上你，让你看到。

跟这类人打交道，算不算没事找事，给自己添堵？

第二类：天天嚷嚷要辞职的人。

我相信很多朋友都接触过这样一类人，天天抱怨这个，抱怨那个，嚷嚷着公司不公、老板苛刻，而且无数次表示"老子不干了""老娘做到年底就辞职""姑奶奶我不伺候了""此地不留爷，自有留爷处"……

结果，很多涉世不深的新人，很容易被一激就"感同身受"，也认为公司没前途，老板没脑子，制度乱七八糟，也想辞职。

可事实上，人家从进公司开始，就嚷嚷要辞职，可嚷嚷了那么多年，还是"风雨不动安如山"。反而其他同事，却一拨一拨走，一拨一拨来。

我不知道这类人是什么心态，有些可能只是排遣负能量，有些或许有更深层次的目的，希望让公司留不住人，新人一拨拨进出，自己这个老员工，就容易受公司器重并委以重任。

但不管如何，跟这类人，还是少打交道为妙。别去附和他，越附和他越来劲。

第三类：承诺不兑现的人。

承诺的事情要兑现，这是基本的职业素养。哪怕做不到，也要及时告知原因，并为此做出道歉。在职场上，这是必要的。

可是有些人喜欢许下各种承诺，但是从来不兑现，或者兑现总是大打折扣。

比如，老板跟你说，好好干，年底给你毛利的10%作为提成。但是到了年底，他就当作没说过这种话。你追问提成的时候，他要么直接装傻,顾左右而言他;要么来一句:哎呀,不好意思,今年公司生意不好,我们亏本了,你就拿个5000块奖金回去过年吧,明年继续加油,你放心,我不会亏待你的……

碰上这类老板,你就要趁早离开,不要浪费时间了,在这里待得越久,你的机会成本就越高。不要把收入赌在别人的诚信上,要及时止损,果断离场,继续寻找更好的机会。

比如,同事跟你说,谢谢你的帮忙,我改天请你吃饭。结果这个"改天",改了两三年,改到你离开公司的那一天,或者他离开公司的那一天,也没有兑现。

跟这类同事,也别走得太近了,别人根本没把承诺当回事。虽然这是小事,但是这反映了这个人对待承诺的态度。他今天不把这个事情放心上,明天碰到更重要的事情,你又怎能指望他一定会遵守诺言呢?

第四类:爱辩论的人,也称"杠精"。

职场上,有问题去争论,甚至拍桌子,都是正常的。

但有些人,仅仅是为了博人眼球,任何事情都要驳斥一下,卖弄自己的博学,喜欢找所谓的破绽,并为此而扬扬得意。

举个例子,当你强调工作要注意方法,提升工作效率,尽可能避免加班时,他来一句:做外贸怎么可能不加班呢?我们跟客户有时差,客户联系我们,我们难道不回复吗?

但如果你强调做外贸很多时候难免会加班,因为我们跟欧美客户有时差,所以有些时候需要在下班时回复客户邮件,的确很辛苦。他又来一句:效率高的人,是不需要加班的,加班就代表流程设置有问题,工作安排不合理，肯定需要调整。

不管你正着说还是反着说，他永远有一套理论和案例驳斥你。

或许他并不是反对你说的内容，仅仅是为了反对而反对，他可能认为这样会显得自己与众不同。所以对于这类"杠精"，不用浪费过多时间试图去说服对方。

第五类：满嘴"跑火车"的人。

有些人爱说大话，上知天文、下知地理，动不动吹到天上去，说得天花乱坠，但是真要让他做一点什么事情，他就有无数的借口和理由来推脱，就什么都不行了。

一个人有多少能耐，不是看他说了多少，而是看他做了多少。不是看他吹嘘什么，而是看他成绩如何。

一个歌手，哪怕说自己实力再强，真正的实力就是你唱的歌；一个作家，哪怕说自己文笔再好，真正的实力就是你写的书。

夸夸其谈的人，不会给你带来多大的帮助，反而会影响你的判断，让你的试错成本提高。别人动动嘴皮子，结果领你走了一大圈弯路，你有必要向这类人请教吗？

相信自己，别老学这个"秘籍"、学那个"偏方"，扎扎实实把自己的事情做好，才是最好的方法。

第六类：没有时间观念的人。

虽然我把这种人放在第六类，但这其实比前面五类更可怕。没有时间观念，不是指偶尔迟到或者放别人鸽子，而是指根本不把时间当回事，不把约定当回事。

跟客户约定9点见面，他10点才到，然后轻飘飘地来一句：不好意思，堵车。

跟同事约定10点开会，他10点半到，让大家等他半小时，然后不以为然地说：跟一个客户谈事情谈过头了。

明明是早上8点15分的飞机，他偏要7点半才从家里出发，结果导致误机，只能改签，把见客户的大事都给耽搁了。

明明上午要去工厂验货，结果他差不多11点才姗姗来迟，然后开始吃午饭，根本不考虑下午一点半就要装柜的事。

这样的人，脑子里没有时间观念，不懂得尊重别人，凡事都按照自己的性子来，没有进退，只会成为害群之马。这种人不仅帮不了你，反而会一次次拖你后腿，给你制造无数麻烦。

职场不易，走自己的路，找合适的同伴，对那些需要远离的人敬而远之，专注自省，且行且珍惜吧。

你对工作有多尊重，你未来就能走多远

职业操守，是我们经常挂在嘴边的一个词。什么才是职业操守？我的理解就是两个字：尊重。

尊重你的工作，用心把工作做好，对得起别人，对得起自己。对得起你的时间，对得起你的付出，尽可能弥补各种错误，尽可能处理各种麻烦，在其位，谋其政，这就是职业操守。

曾经跟一个老板聊起职业操守的问题，他感慨，现在的员工努力程度不够，不如我们当年那么拼。在那个传统的外贸时代，大家全力以赴，彼此竞争和相互鼓励，不放弃一丝一毫的机会。

其实我想跟他说的是，在任何时候，都有出类拔萃的人存在。在一个公司里,千万不要指望所有人都像你那样拼命,这不现实。因为公司是你的,对于你来说,这是你事业的全部,是你的未来和希望,但是对他们而言,或许这仅仅是一份工作,只是用劳动换取收入的一个途径而已。

但是这些员工中,也一定能出现几个如我们当年那般努力和用心,跟自己较劲,跟时间赛跑的人。在我看来,那份对于自己职业的尊重,那种发自内心的爱,不在乎付出,不计较辛苦的态度,就是职业操守。这种职业操守不是别人给的,而是自带的。

我想到当年的我自己。

那时我在一家贸易公司,因为年底没有拿到提成等种种原因,我向公司申请了辞职,又找到了一份非常好的工作。新东家是一家赫赫有名的500强企业,对方希望我早日过去,甚至建议我无须交接工作,他们可以支付赔偿金,会派出法律顾问处理后续的事情。

可我依然选择了用半个月时间来做交接工作,不是为了公司,也不是为了老板,而是为了对得起我一直以来的用心和努力,对得起信任我的供应商和客户,对得起工作中一直给我支持和帮助的同事和下属。我有责任把所有的事情都交代清楚,希望哪怕没有我,一切也可以顺利进行下去。

我要走很容易,因为老板不守信用、克扣收入而拍屁股走人,没人可以在道德层面指责我什么。对于我自己来说,尽管有无数抱怨,有一肚子苦水,但是那样的事情我真的做不出来。

因为我爱的是这个职业,是这份工作,并不在于在哪里做,给谁做。既然做,那就做到最好,对得起自己,对得起我热爱的这份工作。离开了,就洒脱地走,不留下一丝牵挂,把事情交代清楚,不给别人增添麻烦。

我至今还记得,我离开的前一天中午,我还去机场接了一个新接触的印度客户到公司,然后一直开会到六点多。把客户送去酒店后回到公司,同事都下班了,包括接手我工作的销售经理也早已离开。在这个时候,我还是坚持我一直以来的工作习惯,把所有能做的报价单全部做完,当晚通通发给客户,抄送给同事和老板,然后把开会的内容整理成会议记录,把这个新客户的情况做成客户跟进表和内容提要,让接手的同事接下来可以了解今天谈的所有内容,以及我对客户的一些判断和相关的心得体验。

这些事情完成后,我又发了一封正式邮件给老板和所有同事,告诉他们今天是我在这里工作的最后一天,很高兴过去跟大家一起工作,明天我不会再来上班,希望大家一切都好。

回到家11点多,我又给所有的供应商和客户写邮件,告知他们这是我最后一天的工作,从明天起,具体的工作事宜请联系谁,祝大家一切顺利。每封邮件,都不是群发,而是一对一发送,然后抄送接手工作的同事和老板,把所有的工作都画上句号。把这些工作全部做完的时候,已是黎明破晓,东方既白。

我不是想标榜自己有多高尚,而是我坚持认为,你对于工作,对于职业的热爱和坚持,才是你在职场上安身立命的最核心的价值所在。不计较,不抱怨,往往能走得更远,收获更多。

工作是给自己做的，不是给老板做的，你今天所付出的任何一分努力，都会构成未来那个最完整、最饱满的自己。你对工作有多尊重，你未来就能走多远。

不要因为别人的负能量，别人对你的伤害而变得暴戾、计较、满腹愁怨。你不开心也好，你反击也好，别人不见得能损失什么，反而破坏了自己的心情，浪费了自己的时间，何必？何苦？

真正的强者，一定是春风化雨，不畏惧各种压力和困难的。失败了没什么，大不了从头再来。你所拥有的能力、素养、情怀、梦想，这些东西是别人抢不走的，是你自己的财富。

人生从来不是直线，而是起起伏伏的上扬曲线。当你回头去看，不会因为自己碌碌无为而悔恨，这就足够了。你所有的时间，都做了你认为最有价值的事情，没有过多的浪费，没有过多的损耗，这就可以了。

尊重你的工作，尊重你所付出的每一分努力，这就是真正的职业操守。

当外贸人遇见微商

一

经常会听到有人说,谁谁谁在朋友圈卖东西了,谁谁谁卖化妆品月入几万块,谁谁谁代购做得风生水起,弄的各行各业的朋友们都开始心痒痒,恨不得那个赚大钱的人就是自己。

很多挣扎在外贸一线的业务员们,更是对于这种高现金流、高周转率的行业心生羡慕,恨不得今晚就杀进去分一杯羹。

在过去这二三十年里,外贸行业从过去粗放式发展的黄金时代,到野蛮生长的白银时代,再到如今大象林立的后外贸时代,大家都发现一个问题,就是生意不好做了,钱不好赚了。

毕竟做传统外贸，关键的问题就是周期。一个业务员几个月不开单是常有的事情，甚至一年半载吃老本，也没什么奇怪的。

正常来说，开发一个新客户，至少需要一两个月的时间投入，也有经过三五年的维护和跟进才拿下一个订单的。所以我们偶尔也会听说，三年不开张，开张吃三年。这不是夸张，而是一个行业的真实情况。

工作周期太长往往会影响从业人员的心态，会让人变得浮躁、压抑、迷茫，从而怀疑公司，进而怀疑自己。

我有个多年的好兄弟大勇，最近碰到了职场发展的"瓶颈"。他工作挺用心，扎根在一家外贸工厂整整十二年，担任销售副总，直接对销售总监和老板汇报工作，已经算是公司的三把手。可他发现最近这五六年里，自己基本上没有什么大的变化，看着身边的朋友、同学、前同事，一个个都混得有模有样，他还是窝在西湖边的某个老小区，拿着还算过得去的薪水，日复一日，没有太大波澜。

他也愁，也压抑，不知道该如何发展，那种有劲无处使的感觉折磨了他好多年。最后，他决定找高人取经，跟那些混得不错的朋友聊聊职场天花板的破局，聊聊中年危机的预防。当他去了解周边那些过得活色生香的人时，他原有的价值观瞬间受到了冲击，开始怀疑自己最初的职场选择。

这种信念的动摇，就是因为现实中缺乏成就感，一次次对自己失望、失去信心，因而看到别人的成功会特别容易触动自己，认为自己也可以尝试，并且可以成功。

大勇鼓足勇气，凭借他多年从事外贸行业的能力和资源，选择和考察了产品，开启了微商之路。可他仅仅坚持了不到半年就宣布放弃了。他感慨道，做微商真不是豁出脸皮就能做好的，跟许多行业一样，做微商看似门槛低，谁都能做，但越是这样的行业，就越难做好，因为这其中充斥着各种低价竞争和恶性竞争。

我告诉他，这就是问题所在。门槛越低的行业，入门者和搅局者越多，还有一些破坏者在其中，看似投入小，其实产出也小，这都是相对的。越复杂的行业，难度越高，对技术和资金的要求越高，相应的竞争对手也就越少。

传统外贸越来越难做，是有多方面原因的。比如经济的发展造成人口红利的逐步丧失；产业升级使得低附加值行业逐渐被淘汰；欧美国家对中国制造的商品设置贸易壁垒；信息扁平化让客户更容易找到终端供应商；跨境电商对传统贸易的进一步冲击等，种种因素综合起来，让这个行业躺着赚钱的时代成为过去，许多外贸公司和外贸工厂的经营开始变得艰难。

接下来，自然是从业人员的工作压力增加，而收入相对降低。面对生活和工作的双重压力，你会如何选择？有些人或许就会萌生新的想法，比如做兼职，补贴一下收入。

但自己毕竟还有主业要做，如何找一个"时间投入少、成本低、风险低、有收入"的"完美"兼职呢？很多人不约而同地选择了做微商。

二

做微商本身是一个不错的思路，因为微商几乎满足了如今社交营销的全部要素：有体验感，有互动性，信息的流动和反馈非常迅速，销售从传统的"产品端"开始转化为"用户端"和"体验端"。

而成本控制和层级架构的模式也完全满足了各个梯队的利益，大家都有自己的收益，这不失为一个好的模式。

怎么理解微商这种社交营销模式呢？举个例子，我们去商场买东西，很多时候是无从选择的。因为太多的商品充斥货架，我们很难在第一时间作出准确的选择，迅速知道自己需要什么，或者什么东西更合适。

但若是加入社交元素，每个微商都相当于一个客服顾问，可以根据你的情况来提供给你适合的产品。

比如洗发水，有些人需要护理功能，有些人需要修复功能，有些人是长发，有些人是卷发，有些人需要护色，有些人需要去油，每个人的需求不同。商家完全可以做产品细分，根据不同的用户需求来定制产品，通过社交营销的渠道，利用文案、图片、视频和口碑，针对性地开发用户。

这个思路，其实就跟我们做外贸工作时，通过Facebook和Linkedin之类的社交工具去接触目标客户，探讨需求，推荐和展示合适的产品有异曲同工之处。

那么微商模式本身有没有问题呢？是不是大家都可以做这份工作？

我的答案是，没那么简单，要做微商，还需要满足几个要素。

第一，社交营销的核心，是社交。

如果说你本身的社交面很窄，微信里没多少好友，总共几十个人，做微商就非常困难，因为你的池子太小，潜在用户有限。

第二，这个模式是金字塔式架构，一个项目的推广，需要蚂蚁兵团的扩散，但这也意味着，这种层级架构下，利润一定是高度往金字塔尖集中。

如果一个微商每卖一件产品可以获取的利润都十分可观，那就说明产品成本一定很低，才造就销售端的高利润，否则，获取高利润的，一定是金字塔尖上制定游戏规则的人。

第三，专业化的难度大。

做微商可以，关键是如何定位自己。如果你今天卖洗发水，明天卖衣服，后天卖奶粉，大后天卖耳机，你会让你的用户无所适从，你的店铺就变成了一个乱七八糟的杂货铺，这样的效果是很差的。

你要传导给用户的信息是，我是某一特定领域的专家，比如，我是一个母婴用品行家，或者说，我在服饰搭配上是专家。

哪怕是做微商，也是术业有专攻，不要看着别人赚大钱，就以为自己也可以轻易成功。任何行业，要做得好，都是不容易的，哪怕你站在风口上，也同样有大量比你用心和钻研的人在。

别人发一条朋友圈就引来订单不断，那是因为他真的在用心写文案，研究用户的需求，精心准备图片和视频，也对产品有相应的了解，还知道如何做好专业客服，回答用户的各种问题等。同时，还有做事效率的问题，售后服务的问题，谈判技巧的问题，等等。

其实我很佩服能做好微商的人，这跟做外贸一样，也需要复合型人才，不是谁都有本事做成的。

三

我想大家都可以看到，微商做得好，是付出大量时间和精力的结果，绝对不是随便复制粘贴，发个朋友圈就可以赚大钱的。

做微商看起来没什么成本和风险，但是要做得好，要做出差异化，同样是高难度的事情，必须付出极大的心血、极多的时间和精力，才能摸出一点门道，对其中的奥秘略窥一二。

做微商绝对不是一个赚快钱的途径，这跟做外贸工作是一样的。所以大多数外贸人要考虑的，其实还是一个主次的问题。如果你花了大量时间在兼职上，仅仅只是多赚了点零花钱，那就没多大意义了。

做微商现金赚得快，钱到账的感觉很好。但是你考虑过付出的机会成本的吗？

如果你把写文案、发图片、做客服的时间放在你的主业上，去研究客户、做针对性开发、去国外论坛上写软文，会不会有更高的收益呢？

我信奉的观点是，术业有专攻。如果真的爱一行，就全心全意去做好，因为任何行业都符合二八定律，都是极少数做得最出色的那部分人赚大钱。

换句话说，你在一个行业里付出了十二分的努力，但是因为天资有限，或者平台乏力，怎么努力都没法再上一步，难道换一个行业，就能一飞冲天吗？

如果你连外贸这个主业都做不好，又怎么能断定微商这个副业一定能做好呢？我真心建议你还是把自己的时间全力投入到主业上，往另一个层面去冲刺。

传统外贸难做，还是有大批的人赚大钱，说白了，你要让自己成为那20%的少数派，这才是最直接的目标。

四

对于微商来说，最重要的是用户，是流量。而流量的获取成本，只会越来越贵。

如何维护用户，让他们不取消对你的关注？如何积累用户？如何让用户不对你反感，不把你拉黑？这都是大学问。

以我为例，我有接近20个微信号，而且数量还在增长中，假设我来做微商，或许会比大多数人容易得多，但我没做，因为我知道，赚钱容易，但是如何定位，如何长期赚钱，如何营造自身品牌，这才是难点。

我情愿专注于我的核心事业，把自己的工作做好、做精，这样同样可以打开一番天地，没必要被兼职牵扯太多精力。

我如果做微商，我会从源头入手，从产品端和品牌端入手，做这个金字塔尖的模式制定者，而不是一个底层的参与者。这就是我拥有那么多用户而不去利用的原因。

或许有朋友会说，我们也不想分散精力去做副业，只是生活压力大，主业没有起色，可房贷不能拖，孩子要吃要喝，没办法。

这种情况下，做副业当然可以，这就需要处理好时间分配的问题，分清主次。我建议把80%的时间精力放在主业上，而不是眉毛胡子一把抓。

如果你每天都在刷朋友圈、回复信息，没有时间去研究客户、钻研产品、跟进和回复客户邮件，那就把微商当成主业，并好好经营这个主业。

最可怕的，就是没有分清楚主业和副业，这个也想做，那个也想做。今天这个产品好做，你插一手；明天一个美国客户有大单，正在对某个产品询价，你立刻去要联系方式，也想插一脚。这样东一下，西一下，在任何行业都无法做扎实。

如果你在外贸行业拼尽全力也无法赚大钱，又如何保证精力分散后，能两边都做好，而不是两边都落空呢？

希望借此文给大家一些思考。

我坚信外贸行业会永远存在，因为有商业存在，有全球市场存在，对外贸易就不会消亡。

这里唯一的变化就是，产业和产品升级后，你的思维能否跟上世界的变化。或者说，你的思维方式是否能变得更快。这才是每一个外贸人真正应该思考的问题。

选择安稳，才是最大的不安稳

想起小时候读胡兰成先生的散文集，其中有一篇的结尾是："愿岁月静好，现世安稳。"那时候觉得，或许这才是最好的人生，简单自然，一切随心，安安稳稳，平凡度日。

长大后才发现，这仅仅是人们对生活美好的祝愿和期待，在现实中往往是很难实现的。

"安稳""无风险""铁饭碗""旱涝保收"，其实说的都是同一个意思，就是在做选择的时候，选那个看起来最安全的，不求大富大贵，只求平平安安。

这种选择，就像刻舟求剑般天真。在我们的记忆里，国企曾经是最安稳的选择，许多人拼了命地进国企，因为那是铁饭碗，工作稳定，不用承担风险。可后来呢，大家都知道，90年代的国企改制，一批一批的员工下岗，又因为在以前的工作中没有太大的技能提升，很多人再就业也很困难。

几年前有一条新闻，某市取消了多个高速公路收费站，老百姓一片叫好，可许多因此而下岗的收费员却忧心忡忡，不知道接下来的日子怎么过。尽管政府给了相应的补偿，但是未来的不确定性依然如阴霾般笼罩在他们心头。有一位收费员甚至说："我除了收费，什么都不会做。"

事实证明，这个世界变化太快，所谓的安稳，也只是暂时的，等保护期过了以后，有些人会陷入更大的恐慌、更大的不确定中。或许这就是这个世界的平衡吧，你得到了多少，终究还要还回多少。

你在悠闲度日的时候，别人在挣扎苦熬；你在羽翼下躲避风雨的时候，别人在狂风暴雨里飞驰；你在日复一日中感叹岁月流逝的时候，别人在一次次挫败和打击中挣扎向上。

年轻时追求安逸，害怕风险，放弃奋斗，往往就会在中年陷入庸碌和懊悔，而到那个时候，虽不满于现状，但又无力改变。无论是长吁短叹，还是索性认命，人生都不会重来。

温水煮青蛙的故事大家都知道，可有多少人还是在做着温水煮青蛙的事？我们明知道环境在变化，世界在改变，为什么不愿意拥抱变化，改变自己？

害怕变化，害怕风险，害怕不确定性，不愿意尝试任何看不到希望的事情，这才是我们骨子里根深蒂固的弱者思维。

觉得自己不行，害怕把事情搞砸，担心别人会看不起自己，种种原因综合之下，自己习惯性地选择了待在当下的舒适圈。未来的日子波澜不惊，结婚，生子，养育孩子，然后等孩子长大后，再继续这个循环，这就是许多人的真实人生。

春华秋实，夏雨冬雪，大千世界有多少美好的东西值得我们去追寻，窝在一方小小天地，十几年甚至数十年不断重复，这本身就是很可悲的事情吧。

你没有尝试过，又怎么知道不行？你没有走过，又如何知道自己能走多远？

安稳本身就是最大的不安稳。因为你安于现状而停止奋斗，放弃了自我增值，缺乏危机意识，自废武功，停滞不前，所以被一代又一代的年轻人超越。

这个世界上不存在稳定不变的工作，只有不断变化，不断学习，不断提升自己，去适应这个世界，才是真正的稳定。

最有价值的复利思维

或许你从未在意

一

有一回跟朋友们聊天,谈到知识付费的话题,不由感慨,吴晓波或许是我熟知的财经名家里,在知识付费这个领域最牛的人。

吴晓波的创作能力一流,写书、写专栏,搞公众号,同时打理多家公司,甚至把他旗下的蓝狮子财经丛书做成了中国财经类书籍的一块招牌,羡慕之余不得不心生佩服。

我观察了很久,也研究了很久,发现他最厉害的地方,其实在于专注。

他能专注于做好自己的事情,不分心,不断叠加能力,并且做由点到面的资源扩散。这说起来容易,可事实上没几个人做到,因为这关系到的不仅仅是一个行业,而是一整条的产业链,考量的是一个人的综合能力和统筹管理水平。

写财经类书的作者无数,畅销书作者一大堆,可很多人赚到钱之后,往往容易跑偏,如上综艺,到处走穴等。只有他,多年如一日,坚持专注于自己的核心业务与核心价值,最终跑赢无数大佬。

他的专长是财经类的内容创作,他就真的可以做到持之以恒,把这个事情做到底。

大家可以换位思考一下,假设你有他的财富,几万元的稿费对你来说根本不值一提,你还会不会继续坚持写书,并继续维持高产?

我研究过一个现象,很多一流的歌手,刚出道的时候往往非常勤奋,做新歌、出专辑,一首接一首,一张接一张。可成名之后,新专辑就越来越少,只会偶尔发一些新单曲。再过多年,就连单曲都越来越少,只偶尔开场演唱会维系在歌坛的热度。

从经济成本考量,他们在财务自由后,拼命的动力往往就变得不那么强烈。随便上个综艺节目,接几个广告代言,来钱更快、更轻松,何乐不为?

假设我是吴晓波先生,已经出版过成堆的著作,稿费不断滚动,收入不断增长,手里还有十几亿元的资产,这种情况下,我能否维持每年一本新书的速度,坚持创作?

坦白说,我是做不到的,所以吴晓波只有一个。那么多财经作者,能做到如此成功的却寥寥无几,原因也是如此。初心不同,动力也不同,从而带来的结果也大相径庭。

二

写到这里,我想说说我的公众号:毅冰米课。

我的公众号用户不少,阅读量也不低,但是我从来不接广告,甚至连打赏都不开。我享受的是分享的过程,不是做自媒体赚钱。

在这方面,我跟吴晓波或许有一丝相似,就是超级喜欢自己在做的事情,享受经历和执行的过程。热爱和初心就是最大的原动力。

一时的利益并没有那么重要。在一个领域沉下心去做扎实,假以时日,必然会有所成,这就是积累的力量,这就是一种复利的思维方式。

这就又让我想到一个例子。

之前任正非在一个采访中说,他们的3G业务当时能出来,主要是因为公司里一个俄罗斯小伙子。他平时不谈恋爱,十几年如一日,每天都在公司搞研发,大家也不知道这家伙在干什么,也没看到他干出什么成绩。突然有一天,这小伙子跑去见大老板任正非,说我们成功了,可以从2G换代成3G。华为立刻在上海进行实验并取得成功。华为从此在电信领域获得技术突破,超过了爱立信。在接下来的4G、5G业务中,华为一路领先欧洲和美国,就是跟这个小伙子最初的研发有关。

这跟我的想法不谋而合。我也一直认为,不要挑领域,不要挑行业,任何事情,只要你专注去做,排除干扰和诱惑,不断深入钻研,一定可以进入这些领域的顶尖行列,最终必然能赚到钱。

所以放弃眼前的短期利益,长期去做好一件事情,这就是你最好的防火墙，最大的核心价值，你就不容易被竞争对手轻易打败和超越。这个门槛足够高，壁垒也足够厚，是足以让对手望而生畏的。

这跟写书一样，本来就是高复利的事情。大多数作者，第一本书都是很难热卖的，因为你没有影响力，内容也不一定吸引人。哪怕你的内容超级棒，也有可能短时间内推广不出去，这都是很自然的事情。

一本书，如果一次性买断版权，可能你只能得到几千块的稿费，但是会耗费你一两年心血，你干不干？会不会觉得吃亏？

当时一个朋友就问过我这个问题，因为她写书只收到了几千块钱的稿费，实在无法说服自己未来继续做这个事情，觉得前途渺茫，自己不是写作的料。我当时给她举了个例子，就是外贸行业的样品思维。

你给10个潜在客户寄免费样品，假设每一件样品亏损300块，10个客户下来，总共需要亏损3000块。但是这10个客户里，哪怕最终有一个客户下单，成为你的现有客户，那所有亏损就都赚回来了。所以有些人把这3000块当成沉没成本，不愿意投入；有些人把这3000块当作投资，就看你如何思考和衡量了。

而写书这个事情，比外贸行业的样品案例还要再高深一层。

比如你第一本书不赚钱，第二、第三本书也不赚钱，但如果你能写十本呢？这十本里面，只要有一本引爆了市场，就会连带你的其他九本书全部大卖，一次性就能把钱赚回来，这就是长期积累和专注所造就的复利价值。

哪怕你这十本书卖得都不怎么样，那也无所谓，只要你自己确信你的确都是用心写的，一本比一本出色，出版社也看好你，愿意一次次给你机会，支持你出版，这就说明你的确在不断进步，只是暂时没有碰到机遇罢了。假以时日，终究会有契机找到突破口。

现在写公众号的人那么多，能坚持一年以上的其实并没有多少。而且根据腾讯的大数据提供的数字来看，能坚持原创的，仅仅不到7%。

有些人可能尝试过，希望把公众号做好，但效果实在一般，一段时间后，坚持不下去了，索性破罐子破摔，开始走偏门，随意蹭热点写流量文章，随意接广告，能赚多少赚多少，变现成了首要目的，那这个公众号就注定走不长远，只能是昙花一现，然后销声匿迹。

所以归根结底，还是初心不坚定，自己爱的不是这件事，而只是钱罢了。看到别人做得好，能赚钱，就觉得自己也行，结果做了才发现，没那么容易。

然后给自己找借口，别人能成功是因为做得早，有用户积累，我没做成是因为做晚了，错过了风口，错过了最好的时机，不是我能力不行。

这是很多人的想法和做法。

三

在职场上，相似的情景每天都在发生着。

这几年收到过无数朋友的提问，其中有一个高频问题就是：外贸行业是不是快凉了，彻底没机会翻身了？

我不用问也知道，提问者的理由基本上大同小异。无非是在公司里机会少，发展慢，开单难，询盘烂，客户少，同行多。

如果我问：你们公司做得最好的业务员赚多少？你们老板做得怎

样?能挣多少钱?

他们一定有下一句等着我:因为他们做得早啊,他们有老客户积累啊,他们赶上了中国外贸的红利期,他们是既得利益者……

在公司,如果同事掌握着各种优势资源,霸着询盘和老客户,那你为什么不去证明,自己的能力远胜于他们?

别说没机会,所有的机会都不是别人给的,而是自己挣的。没有人一进公司,老板就对其另眼相看,客户奉上,询盘给到,展会恭请,高人培训。

你没机会打主力,那就好好训练,成为板凳球员里最强、最有价值的那一个,自然有人注意到你,给你上场的机会。

复利的前提,是持续不断地投入,然后耐心等待收获的季节。

> 学习的本质不在于从众，在于改变

我们经常会为一个问题困扰：现在学的东西，将来究竟有没有用。不仅对我们自己，很多人在教育孩子的过程中，同样会对这个问题感到无比纠结。

老同学嘉文问我，有没有必要让孩子学小提琴。他女儿刚读小学，很多同龄的孩子，都有一些乐器方面的特长，有人会弹钢琴，有人会奏古筝，而他女儿除了学过一些舞蹈外，并没有学古典乐器。但是他已经给女儿安排了游泳、油画、网球，觉得时间排得挺满，不想给孩子太大压力。

但是他老婆有不同意见，认为对将来有用的，就一定要学；别人在学的，我们也不能落后。怎样才算有用？如果别人学什么都要跟着学，那跟不上，也跟不过来啊。他很困惑，于是来找我探讨，究竟该如何安排孩子的教育。

我跟他们夫妻俩聊了一下午，我不知道能否说服他们，也不指望能说服，因为问题本来就没有对错、是非之分，只是每个人的立场不同，思维方式不同，看待问题的角度不同而已。

教育的本质是什么，我相信每个人的理解都不一样。《论语·卫灵公》中就有孔子的表述：有教无类。每个人的贫富、智力、家庭环境，都是不一样的，但是大家都可以通过教育，让自己变得更好。

在这个过程中，要摒除功利心，根据自己的特点和喜好，选择最合适的方向。比如嘉文的女儿，特别喜欢画画，也喜欢游泳，一静和一动，我觉得就很好，没有必要因为别人的孩子学小提琴，学钢琴，就要勉强自己的孩子也去学。

如果你问我，学古典音乐有没有用，这就看你如何理解了。音乐能提升一个人的审美和气质，能陶冶性情，从这一方面来说，学古典音乐当然有用。若是把有用跟将来考名校、工作、赚钱挂钩，那对很多人而言，就是无用。

读书的时候，我们学古文、学诗词，有些朋友就说，如果将来不从事语言或文字工作，学古文、诗词根本没用，我们现在用的是白话文，学古文、背唐诗宋词，对工作有帮助吗？能帮我们多赚钱吗？

这些话说得没错，但是我们需要的，不仅仅是金钱和事业本身，不能用纯粹的功利眼光去看待问题。如果不从事相关文字工作，古文、诗词的确用不到太多，但是这些可以丰盈你的气质，优化你的谈吐，而这些内在的东西，是需要长期的文学素养的浸润才能塑造的。

当你登顶泰山，或许会想到杜甫的《望岳》，抒发一句"会当凌绝顶，一览众山小"；而没有诗词储备的，就只能感慨一句："哇，这山可真高啊。"

你感叹时光流逝，或许会想到陶渊明的《闲情赋》，随口背上几句"悲晨曦之易夕，感人生之长勤；同一尽于百年，何欢寡而愁殷！"否则只能张口说："唉，时间怎么过得那么快？"

有用还是无用，不是短时间可以看出来的，需要从长期的过程中去体会。教育是需要因材施教的，没有必要去效仿别人，从众绝非好习惯。

不要被贩卖焦虑的人所煽动，世界是多元的，还孩子一个多姿多彩的生活吧。性格的塑造，气质的养成，或许比知识和技能的获得更重要。

第五章

CHAPTER 5

赤子之心
THE INNOCENT
HEART OF A CHILD

在浮躁的世界里坚守本心

不要迷信权威·学会独立思考

一

我们总会把"不要迷信权威""学会独立思考"这样的话挂在嘴边，但当自己碰到问题的时候，依然会选择做伸手党，把希望寄托在别人身上。

一次两次可以，但长此以往，就会缺乏自我，把别人的思维方法和工作习惯硬套在自己身上，不能因地制宜，不会自我决断，最终会变得无所适从，十分痛苦。

职场上，有人能够成为某个领域的权威，一定有他高于常人的地方，所以许多人在羡慕和赞叹的时候，在遇到疑难和困惑的时候，都会特别希望得到"权威"的解答。

可权威的解答就是最优的选择吗？不一定。A先生的方案很好，但是你未必可以直接拿来用，因为场景不同；B先生的思路很棒，但是可操作性不见得强，因为你的实际情况更复杂。

看别人写的文章，听别人讲的话，貌似很有道理，看得心潮澎湃，听得慷慨激昂，但是轮到自己实际操作的时候，依然用过去的思路、以往的方法，这种思维上的懒惰，这种思维定式，才是阻挡自己前进的最大阻碍。

对于别人的思路和方法，要思考如何变成自己的东西，如何落地和执行，如何修正和调整，转变成自己可以应用的操作方案，这才是大家要去做的。

二

我曾经在一个朋友的公司看到这样一种情景。他希望培养员工独立思考、面对问题和解决问题的能力，不希望员工做传声筒，什么事情都跑来问老板，然后给客户或者供应商传达，那样员工就永远不会进步。

于是，他在总经理办公室的门上贴着一张纸，上面写着："敲门来问我怎么办的时候，先想好你的思路，至少想三个处理方案，然后再敲门跟我探讨。若没想好方案，请先回去想。"

我问他："很多新人没什么工作经验，你让他们想好解决方案再来找你探讨，多少有些强人所难啊。"

他神秘一笑道:"你太小看如今的年轻人了,虽然很多人的确缺乏工作经验,很多想法并不完善,但是他们也有他们处理问题的方法,我不是要求他们的方案有多少可行性,仅仅是想让他们自己动脑筋,设想各种可能性后,才来跟上司探讨和请教。可能他们的方案最后都被否决,但是一次次被否决后,他们自然会去比较、去思考自己的方法为何被否决,缺陷在哪里。我是希望他们尽快成长,不做思维上的懒人。"

这一番话让我顿时醒悟了不少。过去我一直觉得,新人需要培养,我需要"传道、授业、解惑",需要帮他们解决问题,让他们学习如何全方位、专业化地处理各种问题。

但是我忽略了一点,我把一套专业的方法教给他们,看似是在帮他们,其实不然。如果他们没有学会独立思考,下一次碰到问题还只会扔给我,对我形成一种依赖心理。时间一长,各种千头万绪的事情都要我来想办法处理,我会忙死,而他们依然成长缓慢。

所以,先有自己的方法和思路,再去对比别人的思路,两相印证,查漏补缺,最终梳理出来的方案,才有可能是最优的。而经过自己缜密的思考和推敲后出来的结果,再经过调整和修改,才会有特别强的代入感,这样才可以真正学会独立解决问题。

三

写到这里,我想到一个让很多做外贸的朋友困惑的问题,就是面对客户的询价,需不需要问清所有细节,然后再针对性地报价?

我相信每个人都有自己的处理方式，但是当一个新人刚开始处理客户的询盘时我相信，他第一时间一定是兴奋，终于可以开展工作了，可问题是该怎么报价呢？他肯定第一时间询问自己的上司，这个询盘怎么回？报价怎么报？

他得到指示通常是：先问清楚客户的具体要求，比如要什么材质，什么包装，多少数量，有什么测试要求，防水等级要做到多少，材料要不要环保的，有没有目标价，有没有样品可以给我们参考……哦，对了，顺便问问客户来自哪个国家，他是进口商还是零售商，是不是做自己品牌的，每年的采购额大概是多少，他一般采用什么付款方式……

新人一听，很有道理啊，这些问题要问清楚、问细致了，才有可能核算准确的价格，领导果然厉害啊，姜到底是老的辣。

于是，他开始写邮件，把这些问题详细列出，列了整整20条，自己越看越满意，就等客户回复这些问题，然后就可以汇报给领导，针对性地核算准确的价格。

结果，没有回音；他跟进，还是没消息；再跟进，还是没下文。他很困惑，我难道做错了什么？我邮件写得很委婉，没有任何失误啊。他向领导汇报，客户这边没有任何回应，领导大度地安慰："没事的，很多客户就是随便问问，很多询盘本来就没什么价值，不用放在心上，继续工作吧。"

于是他鼓励自己继续加油、继续开发客户。然后，继续重复这个领导指导的工作方法。

四

领导的做法有错吗？其实没错，做生意，当然要明确客户的需求，最好可以量化到每一个细节，这样就不容易报错价格，或者产生误会。

可问题在于，他和领导两个人面临的情境是不同的。领导跟客户这样沟通，会得到正面的详细反馈，因为是领导的老客户，大家知根知底，直接就事论事，谈清楚就是了；或者是展会上接触的客户，本身就谈得比较深入，这时候继续保持联系，当然是明确细节，然后推进项目。

至于网上的询盘，或者开发信开发出来的陌生客户，这种"十万个为什么"式的谈判策略成功率是很低的。大多数情况下，客户只是问个价格而已，是没有时间，也没有耐心去回复你一大堆问题的。

这就好比你去买苹果，问水果店老板苹果怎么卖，聪明的老板一定这样回复："我们这里有几种，本地苹果最便宜，5.8元一斤；陕西红富士贵一些，8.8元一斤；我这个新疆的冰糖心是正宗的，12元一斤。哦，对了，保鲜柜里还有日本进口的苹果，论个卖，98元一个。"

这就是给方案，然后让客户来做选择题。

如果水果店老板采用了另外一种方式，向你提出一堆问题：你买多少苹果，你有什么要求，你要哪个品种，要普通的还是有机的，对于大小和甜度有什么要求，皮薄和皮厚有没有意见，核大核小会不会介意，要国产的还是进口的，你家里几个人吃，是大人吃还是孩子大人都吃，自己吃还是送人，要不要礼盒或者果篮……

姑且不论对错或者好坏，大家可以换位思考一下，如果你碰到这样的业务员，会不会正儿八经一条一条地回复？如果一天有10个业务员这样联系你，你会不会10封邮件都认真回复，认真填写这些表格呢？如果这个数量级扩大到50个呢？100个呢？你会拿所有的时间，对所有供应商都认真回复吗？

五

每个人所处的发展阶段是不同的，接触的人和事也完全不一样。

过去由于资源不充分，信息不对称，客户寻找海外供应商其实不是一件容易的事情，大家也不希望沟通上出现什么误会，所以把事情谈清楚，把细节说明白，就十分有必要。

可如今已是信息爆炸的时代，大多数产品都可以轻易找到许多供应商，可以短时间内拿到无数的报价。不是说业务员不能详细询问，而是要掌握谈判的技巧和时机，不要在一开始就让别人反感，结果被聪明而细心的同行钻了空子。

我们的确需要问清楚各种信息，但是要讲求策略，要能够在前期的沟通中，让客户感觉到你的专业和靠谱，进而愿意跟你逐步探讨更深入的细节，而不是一开始就通过问一堆问题，把对方吓跑。

我不是说新人的做法不对，他没有错；我也不是说领导的思维陈旧，他也没有错，只是时代不一样了。过去领导在做新人的时候，一些很好用的方法和工作技巧，并不见得适用于如今的时代。在学习的过程中，在具体执行的过程中，需要根据实际情况来修正，不断优化，找到适合自己的方式。

新人并没有太多工作经验，所以容易迷信权威，容易把"前辈""权威"或者"领导"的话奉为圭臬。但是任何事情都不是绝对的，别人的成功之路，你是无法复制的。这个世界变化太快，所有的招数和方法，都需要与时俱进，不断优化，否则一定会被这个时代所淘汰，被竞争对手拉下马。

六

我曾经也碰到过一模一样的问题，也得到老板同样的"教导"：问清楚客户的需求，把所有细节搞清楚，我们的报价就可以很准确、有针对性，可以一击即中。

结果在操作过程中，别说一击即中了，连客户的反馈都没有，往往一两次的跟进后，客户就变得石沉大海。我也曾经反思，是不是我的邮件写得不够好？是不是我的表达能力不够强？

后来琢磨了很久，才通过换位思考的方式发现了问题。或许客户很忙，或许有无数的供应商在一起竞争，别的供应商可能都有自己的优势，我除了问一堆问题，什么都没有展示，如何让客户选择我呢？如何给客户营造好的第一印象，从而愿意跟我沟通呢？

我开始钻研，改变思路，先设法跟客户搭上线，通过前期的沟通，让客户知道我们做什么产品，有什么特点，目前哪些客户跟我们合作，哪些产品有相应的测试报告，产能和交货期如何控制，然后针对大众化的产品，给客户一份公开的报价单，再提示客户根据数量、包装和细节的不同，价格会有所调整，这仅仅是一份参考的报价单。

转换思路后，我才逐渐得到一些潜在客户的回复，针对具体的产品来谈价格、谈样品，甚至谈到客户的采购计划等问题。这时我才明白，原来事情是可以变通的，不是要直来直去，关键看你怎么谈，如何步步为营，让别人感受到你的专业和诚意，从而把谈判过程往下推进，逐渐引导到签订单这一步。

后来，老板看我开发了一个接一个的客户，拿下了大大小小的订单，自然夸我有悟性、懂得跟客户打交道，夸我适合做这一行。

其实哪有适合不适合，关键是我在执行"老板的经验"的过程中发现麻烦和困难的时候，及时做了调整，而不是傻傻地坚持，继续毫无变通地执行下去，这才是最大的问题所在。

七

最近收到一个朋友的留言，说他虽然快递给客户样品了，但是因为样品是粉末，客户在当地没法清关，所以还是看不到样品，无法判断品质如何。她问老板怎么办，老板说，请客户下一个小柜作为试单吧，这样给客户直接海运出货肯定没问题。她把这个方案发给客户，客户就再也没有回复，订单也没下文了。

她很纳闷，就问我："客户为什么不回复呢？我们都在给他想办法，出解决方案，客户是不是故意耍我们的？难道他们是骗子？"

我有点恨铁不成钢地回复她："假设你从国外进口一批面料，你肯定要先看样品，了解品质和细节，然后综合对比多家供应商，才有可能选出你认为相对靠谱和综合考量下最合适的供应商。但是你都没看到样品，对方就让你先买一个小柜看看，你会买吗？你难道不怕买到一批烂货？"

所以我想告诫大家，不要迷信别人的思路，而要独立思考，分析利弊，看看有没有更好的处理方式，有没有其他选择。换位思考下，这个方案，是否对于双方都相对公平和安全？做生意一定是相互的，对你是百分之百的安全，对别人而言可能就是百分之百的风险。

面对客户的问题，要有针对性地去跟对方探讨方案，而不是一刀切，让对方觉得你仅仅是想赚他的钱而已。赚钱是对的，但是要注意策略，讲求技巧，你越是一上来就表现出想赚对方的钱，对方就越会加深疑虑，不会第一时间掏钱的。

如果碰到以上这种情况，首先要让客户弄清楚，为什么当地海关不给清关，是产品有问题，还是单据有问题，还是申报的品名有问题。

弄清原委后，再跟客户探讨究竟是换快递公司再寄一次，还是跟其他多件样品一起寄，这样清关或许更容易一些。

这些方法都要自己去思考，跟客户探讨，而不是把问题抛给"权威"，人家说什么，你就不动脑筋立刻照做，这样能有好结果吗？

八

很多事情没有对错，关键在于当你询问和请教问题的时候，能否把别人的思路和方法与自己的实际情况相结合，综合比较、权衡得失，然后寻找出最适合自己的操作方案。

这一切都取决于你自己，你愿意花费多少心思，你就能得到怎样的结果。你巴不得别人把所有答案直接给你，甚至把思路给你理顺，邮件给你写好，那么一个不动脑筋的工作，在未来可以产生多大价值，可以有多少进步呢？

做伸手党容易，独立思考难。钻研和思考任何时候都是必要的。你的每一天都应该是跟过去告别，都应该是一种新的蜕变，在思考和尝试的过程中，让自己越来越好，离梦想越来越近。

有时候，真的无须过分仰望和迷信"权威"，而要在学习别人长处的过程中，扎扎实实地努力，建立属于自己的思维体系和工作方式。假以时日，你也会在不经意间，变成别人眼中的"权威"。

做销售一定要口才好吗

不知道从什么时候开始,大家会把口才的好坏作为判断能否进入销售行业的准绳。在一些固有的认知里,有人觉得能做好销售的人,一定爱天南地北胡吹乱侃,能聊天、能喝酒,能上谈判桌、能进KTV,平时穿一身西装,一眼看上去就像个业务员,脸上好像写着"我是来推销的"。

这个认知,或许还停留在20世纪90年代。在那个年代,大家的思想觉悟和眼界,还停留在初启阶段,老板们对于销售员的要求,就是口才好、形象好,认为这是做销售的必要条件。能侃大山、能喝酒,让客户高兴了,成功把合同签下,这就是本事。

可时代变化太快，若现在还按照以前的标准来衡量和培养员工，就是一件非常可笑的事情了。

2005年的时候，我刚入行做外贸，有一次陪同一个西班牙大客户去考察一家工厂。工厂的业务经理是老板的侄子，所有的事情都一把抓，从产品到价格，从细节到品质，完全能够独立处理。谈判的时候，他一个人可以掌控全场，谈判节奏完全跟着他走，按照如今的用词，就是这位业务经理自带光环、气场极强，一个人镇住全场。

那个时候，我还是个刚入行几个月的新人，完全被他的自信和口才所征服，心里暗自感叹，这才是我辈楷模啊，能说会道，又很专业，还是业务经理，谈判的细节能自己做主，这必然是客户竞相合作的对象。

中午吃饭的时候，他选择了当地仅有的一家墨西哥餐厅，因为墨西哥曾经是西班牙的殖民地，饭菜非常符合西班牙人的口味。而且这家伙还曾经在西班牙游学过两年，能讲一些基本的西班牙语，还旅行到过西班牙大大小小六七十个地方，甚至很多小镇这位西班牙客户都没去过。

两人觥筹交错间相谈甚欢，对订单的事情只字不提，但是在场的人在这愉快的气氛下，基本都感觉这事不用谈了，后续让助理跟进就是了，铁板钉钉的事情，还需要说吗？

离开的时候，客户跟他互换名片，还来个临别拥抱，一直强调要保持联系，将来去西班牙一定要找他。

这个场景给我的冲击是很大的。这个西班牙客户是给荷兰喜力集团做赠品订单的，我跟了一个多月，有极大希望拿下这个客户，因为从价格到付款方式，从包装细节到运输条件，基本都已经敲定，就连样品都确认了两次。下单前，客户来中国拜访我们，并且要求去工厂实地考察一下。本来我还自信满满，觉得大致了解一下工厂的生产情况，基本上就能把订单敲定。

可没想到的是，这个工厂的业务经理给我带来的压力实在太大了。那是我第一次真正意识到人外有人，自己跟别人的巨大差距，就好比乌鸦跟凤凰的区别。客户在工厂的所有时间，包括中间用餐的环节，都被那位业务经理所掌控，我基本连插话的机会都很少，完全是可有可无的状态，好像给客户拎包的小助理一般。而工厂的人或许也认定直接拿下客户应该没问题，不需要对我有什么关注。

在去工厂之前，我就担心工厂会不会跳过我们，私底下直接跟客户接触。我也跟老板研究过预案，事先跟工厂打好招呼，要求他们尽量配合我们，工厂这边也是满口答应，会谨守商业道德，让我们放心。

但是那天的状况让我一下子心凉了半截，觉得这个客户肯定要飞了。工厂的业务经理如此出色，客户还有什么理由跟我合作呢？最多只是礼貌上的接触罢了，接下来肯定是他们直接合作，我这边中间商的费用都可以省下，何乐而不为？再说，他们还交换了名片，客户也表示了极大的意愿，还进行了私人的邀请，我肯定没戏了。

不过失落的同时，我并没有太多的不忿，因为我觉得人家真的是够厉害，我这个菜鸟的确是技不如人，输得一塌糊涂也不冤枉，至少让我见识到了真正厉害的销售是什么样子的，好口才是多么重要。

在回上海的车上，客户问了我一句，对这个业务经理是什么印象，我当时想了好久，才说出一个我自认为靠谱的形容词"professional（专业的）"，客户笑着摇摇头说："The guy was good at telling stories（这家伙很能讲故事）"，他随后给我分析："这人的确去过西班牙，也有见识，在工厂多年，也有足够的经验和阅历，但是这跟我有什么关系，我选择的，是生意上的合作，不是来听人讲故事的，会讲故事的人有很多，跟我的生意没什么关系。"

我大吃一惊，难道前面宾主相谈甚欢的场面是假的？没等我问，他就说："今天这次聊天的确很开心，他招待得也不错，如果他来西班牙，我也会好好招待他。"见我还是一脸迷茫的样子，他拍了拍我的肩膀说："请注意我的用词是chat（聊天），不是negotiation（谈判）。我晚上到酒店就把合同打印好，回签给你，再给你安排订金。"

一听此言，大喜之余，我连忙表示感谢，同时也表示一定会把他的订单做好。这一天下来，我的心情就像坐过山车一样，起起伏伏，尤其是最后的完美结局，实在出乎我的意料。

后来，跟客户逐渐熟悉后，他才告诉我当初选择我，而没有跟工厂直接合作的原因。

第一，表面上看，业务经理侃侃而谈，什么事情都能信手拈来，比如美国订单做了多少，欧洲订单做了多少，有哪些大客户等，可经他仔细观察，从对方的生产车间到样品间，并没有看到任何一个大客户的出货样。

第二，客户经理一直强调产品品质多好，做过多少欧洲订单，但是对于引导性的问题，他的回答都是错误的，只是客户没有当场揭穿他罢了。

第三，客户经理自称拥有十多名专业设计师，可以给客户做设计和研发，但是客户在观察中发现，这个工厂的办公室工作人员总共也不到三十个人，而且一眼就能看出，除了管理人员、业务员、跟单员、单证员和助理人员外，能有一两个设计师就不错了，哪来的十几个？

第四，这位业务经理太能说了，让他觉得不怎么靠谱。他认为，真正的专业人士肯定是言简意赅、点到为止，每句话都在点子上，不需要长篇大论讲故事，而且他讲的话逻辑性不足，外行听起来好像很有道理的样子，但是内行一听，到处都是漏洞。

第五，致命的问题是，他觉得这个人情商不高。明明我们是两个人一起去，业务经理也知道我是贸易公司的代表，客户是我带来的，但是业务经理直接撇开我，对客户大献殷勤，这个行为就让他反感。因为今天能违反规矩把我踢开，明天或许也能跳过他，联系他的最终客户。

这些因素综合起来，客户根本不可能跟这个让他感觉"满嘴跑火车的人"直接合作的，他觉得不踏实，风险等级太高。相反，我那时虽然是菜鸟，但是对他的项目高度配合，也直言不讳地说自己是新人，并且尽可能把细节做好，把服务做好，能让他感受到"真实"，觉得一切都是可以掌控的。

我后来问他当时为什么会选择我，我相信有很多同行会给出各种优厚条件，挤破头抢着做喜力啤酒的订单，因为这对每个贸易公司而言，都能带来极大的广告效应，甚至不赚钱都愿意做。为什么这种好事会落到我身上？

他的原话大致是这样的："年轻人，做一个好销售，绝对不是一直说,而是要学会倾听,了解客户需求,从而给出专业的建议和方案。客户选择合作方,不是选最便宜的,而是在维持预期利润的情况下,选择风险最低和最安全的。我对于订单的预期,是利润的40%,你的报价已经可以让我达到这个预期,我如果要为了多赚点钱而去冒巨大的风险,意义就不大了。"

正是他的这番话,给我指明了一个业务员的努力方向,不是能说会道,不是口才多好,而是让客户信任,觉得舒适和放心。

你可以口才不好,可以话不多,但是客户从来都不会介意这些。客户需要的,是拥有诚信品质,为他着想,用心给他解决问题,及时处理他的疑问,给出专业意见的人。哪怕这次没有达成交易,也会有下一次。因为一个人的品质和用心,诚意和服务,专业和效率,是可以感染对方的。

真诚待人,用心做事,永远比别人多做一点,少一些套路和虚伪,你的付出,别人是可以看得到,也可以感受得到的。

多做,少说。

事实胜于雄辩,公道自在人心。

成功的人：参照物跟大多数人不一样

谁谁谁开了贸易公司,大家羡慕不已。

谁谁谁被猎头高薪挖走,大家嫉妒万分。

谁谁谁被派驻香港组建分公司,年薪一百五十万,大家酸溜溜的。

之所以"羡慕嫉妒恨",往往是因为有些东西自己没有,但是又觉得还可以伸手够一够;觉得并非自己能力不行,而是缺少机遇和资源。

攀比心理往往存在于条件相仿的人之间，一旦相差太远，这种酸葡萄心态其实就少了很多。

举个例子，你跟同事都是业务经理，收入和能力都差不多。如果他先在市中心买了房，你或许就会十分嫉妒。你开奔驰C级，他买了E级，你心里又有点不是滋味，回去跟老婆说，我们也要加油，买S级，一定不能被他比下去。

但是你大老板又买了一套别墅，你就没有多大的嫉妒心，最多议论几句，但是议论过后呢，一切照旧，并不会严重影响你的心态。因为前者离自己够近，你觉得自己理所当然也应该拥有这些；而后者因为离自己太遥远，是别人的事情，就变成了八卦谈资。

每年的下半年，"米课"都会组织一场外贸人的年会。很多朋友一碰头，才发现外贸行业同样是高手如云，只是这个领域比较低调，很多人都是闷声大发财，别说一个亿了，年销售额三亿五亿的，同样有人能做到。

所以并非如外界所传言，外贸行业已是日薄西山，会被电商取代，被新零售取代，没那么简单。任何行业，总有人可以做得很扎实，根扎得很深，根基稳健，不会被轻易撼动。

很多人总是羡慕别人的成就，但是比较的对象，永远是身边跟自己差不多的人，或者比自己略强的人。

职场上，你努力一阵子没看到结果，内心畏惧了，方向模糊了，没有那种初生牛犊不怕虎的气势和冲劲了，就逐渐变得和周围人一样，甚至慢慢跟身边的人拉开差距。

开始你觉得自己还年轻，还有大把时间赶超，但随着差距越来越大，你的"酸葡萄"心理也越来越严重，觉得别人的成就是时代造就的，而自己不是不努力，而是没赶上好时候；觉得自己的机遇不够好，缺乏好的平台和伯乐……

这些借口可以暂时麻痹自己，让自己心安理得地混日子，可是你会发现，时间过得很快，一不小心，多年职场生涯就已经过去，再回首已是中年。这时候还是一事无成，不上不下，你又该如何自处？

你刚毕业的时候，同一批新人同时进入一家贸易公司实习。若干年后，有些人还是普通的跟单员、业务员，有些人已经是业务经理，甚至当了合伙人或老板。为什么大家的起点差不多，但时间拉长后的结果会截然不同？

根据我的经验，这跟你入职以后自己设立的职场参照物有很大关系。如果你瞄准的只是身边的人，那你永远都不会有大的进步。当你做助理的时候，你总是把眼光放在别的助理身上，觉得谁谁谁待遇比自己好，谁谁谁运气好，跟了好上司，谁谁谁根本不用加班，谁谁谁好像转正快……你的参照物，只是跟你处于同一层级的助理，这样去工作，成长自然慢。这就是为什么有些人明明工作多年，还只是基础的业务员，收入平平。

可有些人不同，在做助理的时候，他就总在观察业务员是怎么做事，公司销售冠军的工作方法是什么，业务经理如何管理团队，老板又如何跟中层和底层分权，哪些事情老板特别看重，哪些事情老板根本不管，老板如何防止下属跳槽或者损害公司利益，等等。

默默观察、细心摸索、偷师学艺，那些从入职第一天就有自己明确的目标，确定好发展方向和轨迹，而且一直做下去的人，不需要多久，就一定能有所成。因为参照物是一个又一个比自己强很多的人，激励他充满斗志和动力，一直保持良好的学习状态。

起点相同的人，多年后差距会逐渐拉开，我承认这跟平台和机遇有关，但是更重要的，还是每个人的目标和方向、设定的参照物不同而带来了不同的结果。

当你的能力不断提高，眼界逐渐开阔，你的方向和目标会更加明确。你的参照物是那些最棒的人，你一路上沿着这些人的轨迹攀爬，这个奋斗、学习的过程，才是让人觉得最过瘾的。沉浸其中，享受这种努力的过程，多年后，你也会成为别人的目标和参照物。

用心去做一件事情，成果未必马上会有，但是一定会在某个恰当的时候得到。所有的付出和努力，都会在未来的某一刻给你回报。

哪怕身在底层，也要用大胸怀和大格局去工作。没有人知道将来会如何，但是你若用90分的要求对待自己，哪怕完成70%，也对得起自己的时间和青春；如果你的目标只有40分，哪怕执行了100%，又如何？

不要把别人的目标当成你的目标

我经常发现一个奇怪的现象，很多人其实并不清楚自己的目标和方向，因而喜欢模仿别人，按照别人的轨迹去前行，一旦结果不如预期，就去寻找新的方向，继续一头栽进去，最后再次改弦易辙。时间一年一年过去，自己却一事无成，回首四顾心茫茫，不知道接下去该怎么走。

有个朋友跟我说，她因为工作上业绩平平，总是很恐慌，天天学习英文，报了很多班，上了很多课，但没有太大的起色。越是没有起色，她就越心烦，报了更多课，线上线下，根本就学不过来。但她还是觉得不放心，觉得是不是该去读个研究生什么的，好好学点东西。

这属于典型的"知识恐慌"，认为自己的工作成绩一般，是因为知识储备不够，于是拼命学，发现自己学不好，于是更加绝望，于是继续恐慌性学习……

朋友的出发点是好的，但路走偏了。深入交谈后才发现，她是被很多人的光环弄的迷失了方向，把别人的目标当成了自己的目标。她本身英文不差，虽然算不上好，但是做外贸，基本的写邮件和口语能力是完全可以的。她想多学习英文，锻炼得更好，这是好事情，无可厚非，可坏就坏在，她被别人的目标所引导，却没有结合自己的情况，融会贯通。

在英语学习班里，的确有一些英文很好的同学，有做跨境电商做得不错的，也有善于用社交软件做终端市场的，她很羡慕，立刻向前辈请教如何玩转亚马逊，如何在Instagram传产品和写文案，如何用Linkedin搜索目标客户。请教后发现，这里面都是大学问，每个领域要做好都很难，于是报了更多的班，夜以继日地学习。

在学习过程中，她又发现一个在德国定居的高中同学通过微信做代购做得不错，一年入账上百万元，订单多得接不过来，朋友圈晒的微信和支付宝的收款记录，让她羡慕得不得了。

于是她联系那位老同学，做她的下家，又开始学习微商的运营，想电商和微商一起做。结果一接触发现，微商这个行业同样有很大的学问，要做好也是难上加难。于是又去报了很多班，学习文案创作、产品运营、图片处理、情感沟通、快速转化……

这事还没完，某天她去参加了老同学聚会，发现有些人已经成了老板，有些人在企业做到了管理层，她认为那是别人当年出国留学，起点和眼界不一样的缘故，于是就琢磨，是不是应该读个在职研究生，学东西的同时，学历也可以再镀镀金。

她开始发挥外贸业务员的搜索能力，全方位搜索和了解各大高校的政策，去官网了解具体的报名事宜、学费情况、入学要求等内容，也做了充分的笔记。

这事情本来都已经箭在弦上，可又因为一件事情搁浅。起因是，她某天接待了一个卡塔尔客户，客户订单不大，不到1000美元，结果客户带来的中国翻译，要求加上2000多美元的暗佣，最终生意以3300美元成交。这件事情再次刷新了她的三观，觉得公司也就赚15%的毛利，公司给她的提成是利润的10%，但是这个翻译，动动嘴皮子，就能获得高达250%的利润，2000多美元轻易到手。

于是她私底下跟那位翻译请教，得知中东的商业环境还是比较混乱的，再加上很多客户不会英文，只懂阿拉伯语，而国内高校阿拉伯语专业的学生本来就少，每年的毕业生远远不能满足市场需求，所以做翻译不仅工资高，而且油水丰厚。这一番话，说得她羡慕不已，于是又开始琢磨，是不是应该学一个冷门的小语种……

我忍不住问她，你究竟喜欢做外贸，还是跨境电商、微商、阿拉伯语翻译？你要读研究生，目的是什么，时间如何分配？你是真的想做学问呢,还是只想要个名头?

她想了半天,茫然地表示,她也不知道究竟该怎样。只是看到别人在某个领域做得很好,就会羡慕,就会忍不住要去学习别人。总觉得自己什么也不会,心里很着急,可是怎么学都一直是这个样子,没法成才。

我让她好好思考,放弃所有的功利心态,扪心自问,自己究竟喜欢做什么,兴趣在哪里。先确定好大致的喜好和方向,再去研究如何去执行和量化。

后来她跟我说,她想来想去,还是觉得最喜欢做传统外贸,喜欢跟客户打交道,喜欢参展,喜欢邮件谈判,喜欢开发新客户的成就感,喜欢在处理问题后得到客户赞赏的满足感。

这就对了,于是我让她放弃其他的杂念,不要被别人的成绩所影响。每个领域都符合二八定律,只要在自己的领域冲入前20%就行,不要这山看着那山高。即使换领域,同样处于80%的大多数中,同样要花费无数的时间和精力去适应和学习,既然如此,为什么不选择自己有兴趣的行业呢?

看着别人做电商容易,不就是传产品,接订单吗;看着别人做微商容易,不就是发朋友圈,接订单吗;看着别人做小语种翻译容易,不就是赚点暗佣,两边通吃吗,其实这都是冰山一角,你只看到了水面上的10%,就以为这是全部的事实,其实90%的东西你看不到,都在水面以下。只有做了以后才会明白,不论哪一个行业,付出的远远比自己想象的多。

她照做了，六年后的今天，她已经是一家工厂的业务经理，每年订单收入稳定在三千万人民币，是工厂的核心人才，自己的收入也已经达到了年薪七八十万的水平。她特意写邮件给我，感谢我当年的当头棒喝，帮助她从过去固有思维的怪圈里解脱出来。

通过这个案例，我特别想强调的是：目标可以随着时间的变化而调整，但是大的方向不能变。不要把别人的目标当成自己的目标，不要人云亦云、亦步亦趋。排除杂念，认准目标，才能在自己的领域里走得更远。

不要怕输，职场上不需要太多的畏首畏尾，不需要太多的瞻前顾后。

全力以赴，人生中需要更多的问心无愧，需要更多的落子无悔。

相信自己，比盲目追随别人更重要。

在浮躁的世界里坚守本心

一

有朋友给我留言，说自己能赚到第一桶金，纯属运气好，沾了时代的红利，才有了今天的财富积累和事业基础。她认为自己缺乏底层理论支撑，也没有系统化的思维体系，工作能力只能说一般，不知道如何学习和提高，如何去锻炼缜密的思维逻辑。

其实在我看来，她把自己赚到的钱、自己在生意上的斩获都归功于运气和市场红利，那是高估了运气和市场的作用，也低估了自己的能力。说实话，运气只能在某些时候起到一些推动作用，但无法决定一个人根本的发展和人生轨迹。

我对她还是比较了解的，我坚信她是当局者迷，看到身边无数优秀的人才，容易产生一些自我怀疑情绪。她认为她的产品比较特殊，容易接单，也容易返单，容易出业绩、赚大钱，但是做她这个产品的不止她一个，同样有无数竞争对手，也有无数的破坏者和搅局者。除了她以外，在她这个产品领域里，赚大钱的贸易商依然是凤毛麟角。

原因很简单，决定她现在的，根本不是所谓的运气或市场红利，这些在我眼里，仅仅是催化剂而已，不是决定因素。真正能让她走到今天的，是她自己的综合能力。

诚然，这个综合能力并不是很完美，的确存在许多不足之处，但是世界上并没有完美的人，谁也不可能每个方面都优秀。我们做外贸，对于产品、测试、规则、标准、法律、谈判、沟通、大局、调研、售后、美工、设计等，不可能每个环节都了然于胸，这不现实。

我们能做的，只能是抓住自己的核心优势，构建差异化的防火墙，而且不断把这个防火墙推高。在我看来，她或许没有刻意去做这些事情，也没有这方面的理论积累，但是她有意无意间执行的、经历的，恰好契合了这个方向。

比如她说自己怕麻烦，恰恰让供应商和客户觉得她坦诚，不遮遮掩掩。

比如她说自己英文不太好，遣词用句都简单，恰恰符合了当下的交流习惯，简洁直白，没有过多废话。

比如她说自己靠的是运气，恰恰因为她的低调、谦逊、有亲和力、不嚣张、不狂妄，让客户和供应商足够信任她，才会生意滚滚来，而且长长久久。

没有人的成功是偶然的，所有的偶然中都蕴含着无数的必然。

二

我们常说，抢几个订单、做几单生意不难，碰到运气好的时候，天上都会掉馅饼，莫名其妙地砸下订单。但是这些都无法持久。馅饼可能是楼上的某个住户手滑，从阳台掉下来的；订单可能是某个客户闲着无聊，随便下一单的。所有的偶然因素，可能只有一两次起作用，是不可能长期助力一个人成功的。

让客户跟你长期合作，对你的工作竖起大拇指，甚至还给你介绍客户，这就不是简单的运气所能做到的，而要在工作中，在自身的专业和效率外，渗透出诚信。

这才是本源的东西，也是最难能可贵的。不要去迷信什么技巧，真正的技巧，就在于回归本源，得到客户的信任，考虑和衡量彼此的利益，承担彼此的风险，寻求共赢的方式和方向。

不管什么样的生意，本质上都是跟人打交道。讲诚信，让别人喜欢和信赖你，愿意跟你打交道，这才是在生意场上最大的奥秘所在。至于什么底层理论，坦白说，没有意义，也没有太大的实际作用。

所以我想跟这位朋友说，这些东西真的不重要，或者没有那么重要。有些人思维缜密，有些人性格豪放，这本身没有好与坏之分，只是如何引导和利用，把价值最大化的问题。

三

读MBA课程时，老师除了传统的教学外，还会让学员们参加各种课堂上的案例分析和实战模拟。我们常常开玩笑说，读MBA就是一群没钱的老师，教一群有钱的老板如何赚钱。

虽然是玩笑，但是这里面有两层含义。老师擅长的是分析、总结，是理论的创新和案例的解读；企业家和管理者要通过学习，去认识自己工作中的一些思维误区，然后进行优化；借鉴别人的经验，从而给自己的工作提供相应的参考和方案。

企业家和管理者，不需要去做缜密的市场复盘、完整的案例分析、详细的数据处理，这些是老师和研究人员要做的工作。

老师和研究人员也一样，他们能做策略家，但并不代表可以上阵打仗，去前线拼杀。足球场上，一个赫赫有名的教练，自己未必是专业球员出身，甚至连踢球都不会，但是他善于布局，善于整合资源，发挥不同球员的长处，做优化配置，使大家在赛场上能力加成。更重要的是，他能做全盘考量，把握战机，看到局中人看不到的地方。

《道德经》有言：人法地，地法天，天法道，道法自然。做自己就好，不用勉强自己跟别人一样。我们要做的，不是无休止地弥补短板，因为很多短板本身就无须弥补，或者弥补需要太高的成本，根本划不来。我们真正要做的，是不断增加和强化自己的优势，推高自己所在领域的防火墙，这才是核心所在。

四

有时候，我们越是有一点成绩，越会在意别人的看法。怕别人笑话，怕别人议论，怕别人在背后说三道四。其实是自己想多了，简单直接，不浪费大家的时间，往往就是对别人和自己最大的尊重。

别管别人怎么说，做自己就好，在浮躁的世界里坚守本心，才是最好的自己。

井底之蛙也会有春天

我在情感上不想把井底之蛙当成一个贬义词,因为在很多时候,我们在嘲讽和鄙视别人的同时,自己也是另一只井底之蛙。无非是不同的井,或者更大一些的井而已。

《三字经》开篇就是:"人之初,性本善。性相近,习相远。"生命之初,大家并没有太大的区别,只是因为环境的不同,才让我们变得不一样。周遭环境对于你这个人的影响和塑造,是非常关键的。

如果你做业务,你周边的人也做业务,你们平时讨论的都是跟业务有关的话题,你就容易用业务员的思维去考虑和解决问题。哪怕你做得再出色,思维和眼界的局限也会把你框在这个框架里,你充其量也只能成为一个金牌业务员。

而别人或许是个职业经理人，身边的朋友也是同一层次和水平的人，大家讨论和思考的问题，都跟管理有关，似乎在境界上高了一层。但是你能判定这个职业经理人比那个金牌业务员能力强吗？其实未必，这不一定是能力问题，而是环境和机遇造成了能力上的分界。

职场上有很多鄙视链存在。其实这恰恰说明了鄙视者本身也是井底之蛙。一个经理人不见得比底层员工高级，有的时候是制度使然，有的时候是机遇造成，不在同一层面上的竞争是说明不了问题的。

一家上市公司的CEO，带领公司完成了5亿美元的销售额；一个小贸易公司的老板，带领公司完成了500万美元的销售额。是不是说，这个上市公司CEO就可以抵得上100个小公司老板的能力和价值？其实不能这样计算。说不定两者互换，CEO去管理小公司，连现有的业绩都保不住；小老板去管上市公司，或许业绩会更好。

不同层面上的比较，没有可比性。没必要觉得，我做的事情没有他做的事情贡献大，他就比我厉害。千万不要用自己的短板去比较别人的长处，这样做毫无意义。

算不出来的价值，不代表没有价值。因为很多东西是无法量化的，比如跟单员，他的努力和仔细让订单少出错，让公司避免了多少损失；比如人事专员，他为公司招聘和培训员工、组建团队，减少了公司的流动成本，为公司节省了多少人力成本，这些都是无法用一个准确的数字计算出来的。

如今是信息爆炸的时代，我们可以接触的各种媒介，主动或被动接收的各种信息，不是太少，而是太多。这就不仅需要你去吸收，更需要你去分解、甄别、钻研、获得、放弃。不是所有的东西你都需要，也不是所有的东西都有用。

但是你需要在自己的领域里有所专长，有你的核心价值。外行指导内行，本就是大忌。可恰恰很多人并不认为自己是外行，凡事懂一点，却未曾深入，就用想象中的方法去指点别人的工作，这不是井底之蛙，又是什么？

思维的锤炼、眼界的开阔、逻辑的缜密、处事的细腻，需要自己的学习和钻研，也需要外界的环境和机遇，这二者缺一不可。说难听点，一个连美国都没去过的人，哪怕跟美国人做生意打交道多年，也绝对不可能谈得上了解美国市场。因为你所接受到的信息，都是片面的。

没有管理经验的业务员，哪怕是金牌业务员，也不见得能管好团队。反之，管理业务团队的业务经理，也不见得在任务执行和客户开发上比业务员强多少。定位不同，二者分工不同罢了。

不用介意别人的嘲弄和冷眼，若因此影响自己的心态，那就更得不偿失了。井底之蛙又如何，知道自己是井底之蛙，并因此奋斗、努力，在熟知领域中创造更高的价值，远比那些自以为在井外，但实际上在另一口井里的蛙要强得多。

很美的规划背后往往是很大的漏洞

有个朋友给我留言,说自己是建筑师,从业八年,做得不温不火,收入也还行,在上海置办下两套房。但是他一直觉得,搞建筑不是他的兴趣所在,他很想辞职去创业,做外贸公司。

可家人、朋友都坚决反对转行创业,都不看好他,各种质疑和压力扑面而来。反对的理由无非就是每个行业水都很深,他在建筑领域积累了很多年,有相当的经验,也有足够的资源和人脉,换公司也好,创业也好,都可以尝试。但是突然改行做外贸,不是那么简单的事情,隔行如隔山,失败的概率太高了,为此放弃现有的高薪厚职,风险太大了。

他觉得很无奈、很痛苦,觉得没人理解他,于是来问我,要不要坚持本心，放手一搏。他不认为自己不行，虽然是跨行业，也没有什么经验，但这个世界上没人是天生什么都会的，都是要经历和学习、要试错和拼搏的，没试过，怎么知道不行呢？

我问他为什么非要做外贸，建筑行业不是很好吗，有多年的经验和积累，哪怕自己创业或者合伙创业，也是将来的一个出路，而且过去的资源，人脉的互通，都可以提供助力，总比什么都没有，白手起家要容易许多吧。

而他的一番话，则体现了他对未来的美好期望。

他说：“我专门找很多外贸做得不错的朋友了解过，做外贸公司，无非是买和卖的过程。做好选品工作，找寻合适的产品，物色供应商，然后注册自己的品牌，在海外推广，吸引客户。等到生意越来越好了，就走连锁经营和特许授权的模式，发展经销商和代理商，争取把公司做大做强，往跨国公司的路线上发展。"

可当我问到"你具体如何做选品工作""产品定位在哪个消费群体""如何让客户对你这个新品牌有忠诚度""运营一家外贸公司前期要多少投入""需要招聘多少员工来启动这个项目""去哪里寻找合适的职员""营销渠道如何打开""供应链条如何维护""是代理出口还是自营进出口""走传统外贸还是跨境电商方向"等这一系列问题时，他一个都回答不上来。

他能说的无非就是"专业人做专业事""我不懂，但我可以学""我做不了，但我可以雇人做"这些听起来很有道理的话。但事实上大家都明白，这只是一个美好的理想，距离这个理想的实现，需要走的路还有很远。

我不确定他是否能完成开外贸公司的愿望,但是按照如今的情况,他没有任何准备的过程,失败的概率显然是非常高的。现实远远没有他想得那么美好,一个美好的规划背后,需要无数细节的落实、无数问题的推敲、无数内容的落地和无数假设的执行。

我给他的建议是,如果坚持要做,认为这就是自己的理想,那先别想着做好了能赚多少钱,要反过来思考,如果这个事情做砸了,你是否能承担这个结果带来的损失?会不会影响自己的家庭生活?如果有了这个心理准备,也有充足的预算,那就去做,不需要过多犹豫。未虑胜,先虑败,这也是李嘉诚考虑问题的方法。

一个多礼拜后,那位朋友再次来找我,说他考虑了很久,也跟家人商讨过,决定先不创业,也不放弃目前的工作,只是请个长假,去亲戚的外贸公司工作一段时间看看。如果试过之后,依然觉得自己要做这行,那时候再辞职去追寻自己的梦想。

我给他的回复是这样的:"很美的规划背后,往往有很大的漏洞,而这些漏洞,在你的兴奋劲头上来的时候,是根本看不到的。所以偷师学艺也好,经历试错也好,或许才是更直接的办法。加油!"

很多人读过毛姆的名作《月亮与六便士》,讲的是在处处都是机遇、满地都是六便士的伦敦,证券经纪人思特里克兰德却抬头看到了月亮。于是他放弃了工作,放弃了家庭,抛妻弃子,背井离乡去了巴黎,只为寻找自己的画家梦。

很多人对此有不同的评论,有人赞同他对于梦想的追求,认为很多事情值得舍弃，他在孤独中实现了灵魂的自由；有人觉得他就是彻底的渣男，为了一己私欲，舍弃自己的妻子和孩子，这是无法原谅的，是原则性的问题。

我个人也是偏向于后者。我认为，人是群居动物，首先需要考虑自己的行为对家庭、对社会的影响，其次再决定是否要遵从自己的想法。这就是大多数人人生的无奈之处，不能尽随你心，因为肩上担负着责任。

若自己真有要追求的理想，不妨先去慢慢尝试，逐步渗透，一直到各方面都准备充足，漏洞一个一个补上的时候，再全身心投入，或许这是一个更好的方式。

你可以欣赏月亮，可以去追寻自己的梦想，但还要脚踏实地，认清自己真正的能耐，也要数数口袋里的便士。

正如韩寒所说，别以为自己的爱好，能轻易挑战别人吃饭的家伙。

业余和职业的分界，或许就是天与地的距离。

越难的事情，会让你离成功越近

著名天使投资人、真格基金创始人徐小平先生说过这样一句话：当有两件事摆在你面前，一件可以让你轻松上手，一件需要你从头摸索的时候，别犹豫，选那件难的。

但是大多数人还是出于趋利避害、好逸恶劳的本能，总是会选择自己擅长的、相对容易的那件事。

很多做外贸的朋友在面临跳槽，重新做职业选择的时候，总是会偏向于做同一类的产品。过去做太阳能灯，跳槽依旧选择这类产品的工厂或贸易公司；过去做文具，换工作还在这个行业里打转；过去做手机，就必须再选一家做手机的企业去面试。

工作有无数的可能性，有无数的机会，为什么非把自己限制在一个狭小的领域呢？

有朋友的回答是："如果换领域，就意味着过去的积累都打了水漂，一切都要从头来过，这太不划算了。我都有一年经验了，怎么可能跟应届生一样从头去学新产品，接触新行业？"说这句话的时候，其实她毕业也就不到一年的时间，这一年里，她也仅仅在一家做手机出口的贸易公司做过业务员而已。

她没有想到的是，她这样画地为牢的思维，限制的是自己的发展，各种好的机会，都被她自己挡在门外。换个行业或领域，的确需要从头学起，从头适应，会有各种各样的新问题产生，可如果平台更好，资源更多，难道这些都不足以抵过换行业或领域的困难吗？

人往高处走，跳槽不是对现状不满的一种抗议，而是对更高要求和更好机会的一种争取。我们希望做更有价值的事情，赚更多的钱，得到更大的自我满足感。欲戴皇冠，必承其重，你能做什么样的事情，承担什么样的压力，才能得到什么样的结果。

你的工作越难，就意味着你的价值越高，竞争对手越少。所以跳槽的时候，如果过去的经验和能力能够全面迁移过去，自然是最好的，可如果新的职位、新的机会，需要你付出更多时间和精力去学习更多新的东西，去接触和适应完全不同的内容，我觉得这才是薪水以外最大的收获所在。因为这些学习能让你变成不一样的自己，你的知识结构、工作技能、思维方式、眼界格局，会因为上了一个台阶而助你打败更多的竞争对手。

工作难度越大，门槛越高，上手越难，越能最大限度地减少恶性竞争，更多地体现自身价值。所以不要怕难，只有去做一些难度大的事情，尝试够一下自己难以企及的高度，才能逼迫自己不断成长。若是随手就能做好，那只是你过去经验和能力的重复，并不能给你带来本质的变化。

你若想离成功更近，就只能不断挑战高难度，克服一个接一个的困难，解决一个接一个的麻烦。努力往上走那么一小步，你看到的天地就会截然不同。

现在多一些困难，是为了将来多一分轻松。

门槛高一些，别怕，现在的境遇你很快就能适应。

还记得自己想成为的样子吗

工作多年,我们是否还记得当初在那个青涩懵懂的年纪对于未来的憧憬?我们是否还能想起当初的豪言壮语,以及对无限风光在险峰的期许?

多年过去,我们是否成了理想中的自己?是否还记得自己想要成为的样子?

也许迷失过,沉沦过,挣扎过,也许正在路上奔跑。

生活的苟且,现实的压力,让各种鸡零狗碎变得无所遁形,让身处屋檐下的你无奈低头。

很多的理想，或许已经在一次次妥协中让路，在一场场失意中消逝。

会后悔吗？也许，在觥筹交错间，在人潮汹涌处，在午夜梦回时，会为当时的单纯感动不已，会为曾经的努力潸然泪下。

那如今呢？哪怕做不了理想中的自己，难道不能多做一些改变现状的事情？

功利的世界，太多人扎身其中，无法抽身而退。但我们还能守住初心，在浮躁中寻求那一丝安慰，在昏暗中走出一条自己的路。

不要怕别人怎么看，不要管别人怎么说。你的欢喜，无须向别人展示；你的遗憾，不用向别人交代。

财富，是有临界值的。当你已经满足了当下拥有的，或许会越来越难以忍受现状，对理想的渴求也愈加强烈。

"还记得年少时的梦吗？像朵永远不凋零的花，陪我经过那风吹雨打，看世事无常，看沧桑变化"。李宗盛的一支笔，写尽了"求之不得，寤寐思服"的凄美，道尽了"今我来思，雨雪霏霏"的感慨。

既然想法一直存留于心，为何不去尝试实现？不怕迟，不怕晚，就怕什么都不去做，什么都不尝试。

或许将来最大的遗憾，不是你无法成为想象中的那个自己，不是你努力过但是做砸了，而是你只停留在想象中，用无数的借口和理由去麻醉自己。

余光中说：长长的路，我们慢慢走。

可以慢，可以不去跑，但不能停，不能掉头向后。

"旧时王谢堂前燕,飞入寻常百姓家""尔曹身与名俱灭,不废江河万古流"。未来的事,谁知道呢?想太多,有意义吗?

如果不想让明天的你鄙视今天的自己,那就从现在开始,加油!

且对自己,问心无愧。

人生不悔,未来可期。

后记
AFTERWORD

我有些记不清这是我的第七、第八、还是第九本书了，但可以肯定的是，这是我的第一本关于职场人生的随笔。

工作多年，成功的案例不算多，失败的经历并不少。十余年海内外的工作经历，给了我足够的眼界和历练，也给了我不服输的骨气和傲气。

这本书并不是一本通俗意义上的鸡汤书，没有办法给你太多的鼓励，或许更多的是我在工作中的一点心得和人生中的某些感悟。

我无法代替你做任何决定，也无法帮助你解决各种问题。但我能说的，就是当我碰到各种麻烦的时候，我是怎样处理、怎样应对、怎样思考、怎样渡过的。

我们每个人都一样，都希望成为更好的自己，都在为了理想而努力。哭过，笑过，痛过，伤过，得意过，迷茫过，纠结过，这才构成了真实而完整的自己。

没有什么值得逃避和自我安慰的，直面问题、认清自己，这才是最大的难题，才是真正的成长。

希望这本书，能带给大家一些不一样的思考。

哪怕仅是只言片语的感动，也是我莫大的荣幸。

毅冰
于杭州